Wer sind sie? Was wollen sie? Und warum sind sie so erfolgreich? Diese Fragen haben sich alle gestellt, als die Piratenpartei bei den Berliner Wahlen im September 2011 mit überraschenden 8,9 Prozent der Stimmen erstmals in ein deutsches Parlament einzog. Was haben die Piraten den etablierten Parteien voraus? Sind sie die neuen Grünen? Oder doch nur eine politische Modeerscheinung? Was erzählt ihr Erfolg über unsere Zeit, unsere Gesellschaft, über Kommunikation? Und werden wir die nächsten Jahre, wenn wir über Politik reden, immerzu romantische Metaphern aus der Welt der Seeräuber und Freibeuter bemühen? Erste Antworten gibt es in diesem Band. Mit Beiträgen von Kathrin Passig, Nina Pauer, Frank Schirrmacher und vielen anderen.

Friederike Schilbach, Herausgeberin dieses Bandes, 1980 geboren, ist Lektorin im Bloomsbury Verlag.

DIE PIRATEN PARTEI

Alles klar zum Entern?

Herausgegeben
von Friederike Schilbach

bloomsbury taschenbuch

Dank an Sabine Oswald für die Idee zu diesem Band.
Und an Sara Dušanić für die Mitarbeit.

FSC
www.fsc.org
MIX
Papier aus verantwortungsvollen Quellen
FSC® C083411

Originalausgabe
November 2011

Umschlaggestaltung & Typografie: Andrea Engel, Berlin
Gesetzt aus der Garamond von Greiner & Reichel, Köln
Druck und Bindung: CPI – Clausen & Bosse, Leck
Printed in Germany
ISBN 978-3-8333-0845-1

www.bloomsbury-verlag.de

BLOOMSBURY
LONDON • BERLIN • NEW YORK • SYDNEY

INHALT

III. ÜBER PIRATEN

ÜBER DIESES BUCH

Als am Abend des 18. September 2011 die ersten Hochrechnungen zeigten, dass die Piratenpartei bei den Wahlen zum Berliner Abgeordnetenhaus zum ersten Mal in ein deutsches Parlament einziehen würde, war der Blick frei auf etwas Neues. Eine Partei hatte es in der Wahrnehmung vieler geschafft, Stimmen zu sammeln, indem sie eine Ansprache fand, die sich über ein doppeltes Moment der Nähe definiert:

Zum einen eine digitale Nähe, wie sie vor allem eine junge Generation von Wählern erreicht, die wie Sascha Lobo in seiner Kolumne *Wo der Piratenschatz wirklich liegt* schrieb, »Britney Spears antwittern kann oder mit Coca-Cola chatten«, und einen ähnlich unkomplizierten Kontakt auch mit ihren Politikern wünscht.

Zum anderen eine diskursive Nähe. Viele Abgeordnete der Piratenpartei reden in einer Sprache, die sich nicht grundlegend von der ihrer Wähler unterscheidet. Eine Nähe, die offenbar von einem Verständnis des Politikerberufs getragen wird, das es zulässt, Unwissen öffentlich in Wissen zu überführen. Wie etwa Andreas Baum, Spitzenkandidat der Berliner Piraten, der bei einer Wahlsendung im rbb die Schulden des Landes Berlins nicht beziffern konnte (er sprach vage von »vielen Millionen«). Ein paar Tage später präsentierte sein Kollege Christopher Lauer bei »Anne Will« eine App auf seinem iPad, mit der man den aktuellen Schuldenstand des Landes Berlin jederzeit abrufen kann. Die Piraten hatten eine unangenehme Situation in etwas Positives verkehrt. Und nebenbei das Lebensgefühl ihrer Wähler erreicht, die sich sowieso bei jedem Problem, das im Alltag auftaucht, fragen: Gibt es dafür nicht eine App?

Zugleich stand nach den Berliner Wahlen ziemlich bald der Verdacht im Raum, dass da eine Partei ins Parlament einziehen würde, die man, wie Katja Kullmann in ihrem Beitrag für diesen Band schreibt, als »eines der faszinierendsten Missverständnisse unserer aufgeregten Tage« bezeichnen könnte: Eine Partei, die von einer sich gerade erst neu definierenden Gesellschaftsschicht gewählt wird, »die augenblicklich ihre Reichtümer, Schwächen und Chancen sortiert, die *leading class* der Zukunft, die sich erstmals unter einem allgemeinverständlichen Logo versammelt« und dabei übersieht, dass ihr unter dem Deckmantel einer sich besonders weit vorne wähnenden (digitalen) Boheme nichts anderes als die Verlängerung des klassischen Mittelstandsbürgertums in die Gegenwart geboten wird.

Kein Zufall, dass die Piraten ausgerechnet in Berlin zuerst in ein deutsches Parlament einzogen: Hier ist die digitale Boheme zuhause, hier wurde sie erfunden.

Der Erfolg der Piraten und die Tatsache, dass sie laut Umfragen von Wahlforschungsinstituten derzeit bundesweit bei zehn Prozent der Stimmen liegen, löste in den Tagen und Wochen nach den Berliner Wahlen Neugier aus: Wer sind sie? Was wollen sie? Wofür stehen sie politisch? Was machen sie anders als die etablierten Parteien? Sind sie die neuen Grünen? Oder doch nur eine politische Modeerscheinung? Und was erzählt ihr Erfolg über unsere Zeit, unsere Gesellschaft, über Kommunikation?

Das vorliegende Taschenbuch ist eine *Momentaufnahme*, entstanden aus der Idee, in Beiträgen von Autoren wie Nina Pauer oder Frank Schirrmacher erste Antworten auf diese Fragen zu suchen. Es besteht aus vier Kapiteln:

Im ersten geben Mitglieder der Piratenpartei in persönlichen Essays und Interviews Selbstauskunft, zum Beispiel auch in Form von Tweets eines Piraten vom Berliner Wahlabend und dem Tag danach.

Im zweiten Kapitel sind Reporter unterwegs und beobachten die Piraten nach den Wahlen auf ihrem Weg ins politische Tagesgeschäft, befragen sich aber auch selbst, was der Erfolg der Piratenpartei mit ihnen macht. So wie Detlef Kuhlbrodt, der am Ende des Sommers fast ein bisschen traurig ist, dass der Wahlkampf vorbei ist. »Fühlte man sich einsam, ging man einfach raus und plauderte mit Politikern, die überall herumstanden. Die meisten freuten sich, wenn man zu ihnen ging, gaben gern Auskunft und schimpften auch nicht, wenn man jemand anders wählen wollte. Manche waren ein bisschen schüchtern. Man selber traute sich aber auch nicht, jeden anzusprechen. Oft hatte es auch Traubenzucker gegeben.«

Im dritten Kapitel denken Autoren über die politische und gesellschaftliche Bedeutung des Phänomens Piratenpartei nach. Zum Beispiel Kathrin Passig, die bedauert, dass es die Piraten überhaupt geben muss. Ihr wäre es lieber, die Abgeordneten würden ihrem eigentlichen Job – viele sind Programmierer – nachgehen. »Was könnten sie in der Zeit Schönes und Weltverbesserndes schaffen! Jetzt müssen sie darüber abstimmen, ob über Tagesordnungspunkt 103 abgestimmt werden soll oder nicht, anstatt dafür zu sorgen, dass neue Techniken und Praktiken auch weiterhin schneller entstehen, als man ›Regulierungsbedarf!‹ sagen kann.«

Und im vierten Kapitel erzählen Autoren die Geschichte der Vorläufer der Piraten – Seeräuber, die wie Burkhardt Wolf in seinem Beitrag *Zur maritimen Urgeschichte der Piraten* schreibt, sich seit jeher »allein auf räuberisches Tun« verlegt haben, und »die Differenzen von Politik und Recht, von Krieg und Frieden kollabieren lassen«.

Großer Dank an alle Autoren, die diesen Band so selbstverständlich, so leichthändig möglich gemacht haben.

Berlin, im November 2011
Friederike Schilbach

I. VON PIRATEN

WIE ICH PIRATIN WURDE

DIE SCHRÖDER-SPD WAR MIR EIN GRAUS, DIE CDU KEINE ALTERNATIVE, DIE FDP ZU ZYNISCH, UND DIE GRÜNEN WAREN MIR ZU SPIESSIG. ICH WOLLTE FREIHEIT JENSEITS VON GUT UND BÖSE. DESHALB BIN ICH IN DER PIRATENPARTEI.

Von Julia Schramm

Bereits in jungen Jahren fühlte ich eine unbestimmbare Abneigung gegen diesen synthetischen Konsens der westlichen Welt. Ich wollte rebellieren, anders sein und die großen Kämpfe der Vergangenheit führen, in denen Rudi Dutschke mit einer Zwanzig-Menschen-Demonstration die Republik in ihren Grundfesten zu erschüttern schien. Da ich bereits früh Texte im Netz las, aggregierte ich einen stabilen, überzeugten »Bauchkommunismus«, der vom Willen zur Gerechtigkeit geprägt war und vom Vertrauen, dass Menschen Gutes tun, wenn sie Gutes erleben. Da ich ungefähr genauso viel über Marx wusste wie ein durchschnittlicher Christ über die Bibel, kann man meinen Glauben an den Kommunismus getrost als Ersatzreligion bezeichnen. Bitter war die Erkenntnis, dass es Gut und Böse nicht gibt, ja, dass Wahrheit eine Konstruktion meines Geistes ist. Doch wenn es Gut und Böse nicht gibt, bleibt nur die Freiheit.

Mit dem 11. September als Wendepunkt der freiheitlichen Gesellschaften des Westens, als Wendepunkt auch meines Lebens, verpflichtete ich mich der offenen Gesellschaft. Mehr noch, ich entschied mich gegen den Hedonismus und begann, mich für die Belange dieser Welt zu interessieren. Und blickte mich um. Auch in der Parteienlandschaft.

Die Grünen weckten bereits früh mein akutes Desinteresse – die angepassten Streber dominierten mit selbst bemalten Fahrrädern und der Sehnsucht zur Natur meine Stufe, so dass ihre Parolen gegen das Establishment bereits einer Sechzehnjährigen absurd vorkamen. Vor allem als Allergiker und Stubenhocker langweilte mich diese retrokonservative Haltung, die mit einem abstrakten Wohlfühlgefühl beim Weltretten im Park einherging. Internet und substantielle Kritik an der Realität fand ich wesentlich spannender; ich wollte Konflikt, Streit, Herausforderung.

Schnell lernte ich, dass man mit Pink, Pelz und Perlenohrringen die Grünen einfach zu schön ärgern und gleichzeitig Jungspießer in Seglerschuhen und Barbour-Jacke mit Forderungen nach einem bedingungslosen Grundeinkommen und der Freigabe von Marihuana schocken kann. Schließlich muss linksliberales Gedankengut nicht in einem mit Henna gefärbten Kopf sitzen. Die SPD unter Schröder war mir ein Graus, auch wenn mein Herz immer Kurt Schumacher gehören wird und ich laut gegen den Irak-Krieg protestierte. Aber spätestens, als Otto Schily entschied, sich auf die andere Seite des Wasserwerfers zu stellen, war meine partiell vorhandene Liebe erloschen.

Die CDU war für mich nie eine Alternative, was sich in einem förmlichen Brief der Jungen Union meiner Heimatstadt Hennef auf totem Holz erkennen lässt, in dem man mich bat, meine Äußerungen über die JU und die Kanzlerin Dr. Angela Merkel (ihr Name war in Großbuchstaben geschrieben) im Internet zu unterbinden. Nun denn, ich hatte mich also der Freiheit verschrieben, dem Liberalen, und strebte an die Universität Bonn. Ich wollte nicht nur politisch sein, ich wollte politisch denken lernen. Dort traf ich auf Junge Liberale. Sie wirkten freiheitlich, hatten Geschmack und waren zynisch-lustig. Sie waren Westerwelle gegenüber kritisch und mochten die FDP der siebziger Jahre. Dahrendorf, Hamm-Brücher, Scheel. Ich glaubte, mich wohlzufühlen. Ich glaubte, Liberale gefunden zu haben.

So wurde ich Mitglied der JuLis und wählte 2005 die FDP. Aber nur dieses eine Mal. Denn bald schon setzte ich mich mit der Nachkriegs-FDP auseinander und merkte, dass die Deutschnationalen in die DNA der Pseudo-Liberalen eingebrannt sind – was sich ja in dem unsäglichen Europa-Kurs der letzten Zeit wieder deutlich zeigt. Da gab es Heinz Lange, der sich gegen die

Ostverträge einsetzte und einem Verein vorstand, der sich für das Deutschtum im Osten einsetzte.

Dennoch entschied ich mich, ein Praktikum in der FDP-Fraktion im Landtag von Nordrhein-Westfalen zu absolvieren. Mich dem Lebenslauf-Fetischismus beugend, malte ich mir aber noch anderes für die Zeit im Düsseldorfer Landtag aus. Ich fabulierte über die Chance der FDP, sich dem Sozialliberalen zu öffnen, glaubte, als eine Art Linksextreme in der Partei ein Gegengewicht zum marktgläubig-postmodernen Calvinismus darstellen zu können, und wollte Dahrendorf rehabilitieren. Auch von der Öffnung der FDP zur digitalen Demokratiereform träumte ich und wurde bitter enttäuscht.

Statt Offenheit und geistiger Flexibilität begegneten mir dogmatische Menschen zwischen Zynismus und Selbstbetrug. Bereits zu Beginn des Jahres 2009 zeichnete sich ab, was heute der Kern der Selbstdemontage der FDP ist: undifferenzierte Hybris, uneinsichtiges Privilegiengepose und kognitive Dissonanz, gepaart mit Zukunfts- und Innovationsangst. Rationale und pragmatische Politikansätze wurden Vorurteilen und der Klischeereproduktion über Hartz-IV-Empfänger geopfert und offenbarten die absolute Realitätsferne und empathiefreie Visionenarmut der pseudoliberalen Funktionsträger. Meine Desillusionierung über den Liberalismus und die deutschen Parteien kanalisierte sich bei der Europawahl 2009 schließlich in der Stimme für die Piratenpartei, obwohl ich die Partei seit ihrer Gründung 2006 äußerst kritisch beobachtet hatte.

Der Name, wenn auch in seiner Entstehung schlüssig und treffend, stieß mir auf, ebenso die vermeintliche Naivität, die fehlenden inhaltlichen Impulse außerhalb von Netzpolitik, kurz: Ich war eine klassische Politikwissenschaftlerin, durchdrungen von Zynismus und Überheblichkeit, tief in dem Glauben verankert, alles schon einmal gesehen, gelesen und durchdacht zu haben. Und doch kam alles ganz anders, denn mit dem Überraschungsergebnis von 0,9 Prozent bei der Europawahl begann es. Und mit 8,9 Prozent hat es in Berlin seinen vorläufigen Höhepunkt erreicht. Und ich freue mich – auch wenn meine Zeit in den Tiefen der Parteienpolitik jetzt schon viele Tränen, viel Wut und Verzweiflung mit sich gebracht hat. Mein Eintritt in die Piratenpartei war zunächst einem Experiment geschuldet – eine Art Praktikum für eine angehende Politikwissenschaftlerin, die einer Partei beim Entstehen zugucken wollte. Ein einmaliges Biotop, das es zu beobachten galt. Und schnell wurde ich von der Euphorie aufgesogen, agierte mit Verve und Idealismus, erfreute mich an den Menschen, die wie ich dachten, wie ich sozialisiert waren und wie ich eine Vorstellung von der Welt, eine Utopie, formulieren wollten. Menschen, die paternalistischer Politik und überholter Strukturen überdrüssig waren, die von einer Gesellschaft träumten, in der Geschlecht, Status und Herkunft irrelevant sowie ideologische Grabenkämpfe passé sind und Pragmatismus politische Handlungen bestimmt.

Wie in allen Parteien üblich, wurde ich hofiert, gewählt und motiviert – auch weil ich eine Frau bin. Es ist erschreckend: Die Strukturen in Parteien sind für Frauen äußerst unattraktiv, dennoch genießt man einen Vertrauensvorschuss, soll für alles kandidieren, was zur Verfügung steht, und immer nett lächeln. Dafür kann man sich in Anerkennung suhlen – bis zu dem Moment, wo eigenwilligere Gedanken kundgetan werden. So geschieht es täglich Frauen in allen Parteien. So geschah es auch mit mir. Ich kritisierte in der veröffentlichten Meinung das Konzept von Privatheit und die eigenwillige Trennung von Öffentlichem und Privatem, ich kritisierte den unreflektierten Umgang mit Privatsphäre und schließlich den Datenschutz als Feigenblatt eines ungerechten und diskriminierenden Systems, als einen kläglichen Versuch, reale Machtverhältnisse auszugleichen.

Viele gaben mir Recht, viele begannen, eine virtuelle Hetzjagd auf mich. Viele davon waren keine Mitglieder der Partei, sondern nur radikale Datenschützer, die umgehend mitteilten, dass sie die Piraten nicht mehr zu wählen gedenken, wenn solche Menschen wie ich Mitglied seien. Bei einer Frau sind die wunden Punkte automatisch oberflächlicher Natur, leben wir doch in einer hypersexualisierten Gesellschaft, in der weiblich sozialisierte Menschen unter dem steten Druck stehen, einem klar definierten Schönheitsideal zu entsprechen. Das kommt in den digitalen Sphären, in denen lediglich über einzelne Buchstaben kommuniziert wird, besonders zum Tragen und endet nicht selten bei sexueller Belästigung. Unsere gesellschaftlichen Probleme kommen im Internet erst recht ans Licht.

Betrachtet man die Ausgangslage einer Generation am Ende der Geschichte, so erscheint es müßig und blauäugig, sich in althergebrachte Strukturen begeben zu wollen. Es erscheint geradezu wahnwitzig, angesichts des »Marschs durch die Institutionen« in den Kosovokrieg, diesen abermals beschreiten zu wollen. Und doch ist es der richtige Schritt zur richtigen Zeit, schließlich basiert unser bundesrepublikanisches Ordnungsprinzip auf den Parteien als Foren der Meinungsbildung, als Gestalter und Artikulationskanäle.

Wir befinden uns in einer Revolution, deren Ausmaß wir noch nicht realisiert haben. Die globale Vernetzung erfasst uns alle, ändert uns, bringt uns zusammen und offenbart uns. Das Internet ist ein lebenswerter Raum, der das Leben schöner macht, Zugang zu Kunst und Kultur und vor allem Wissen für alle ermöglicht. Ein Raum, in dem das menschliche Sein erfasst, gespeichert und ausgewertet wird. Wir befinden uns in einer neuen Epoche, der Metamoderne, und müssen diese nun gestalten. Aktiv.

TWEETS EINES PIRATEN AM ABEND DER BERLINER WAHLEN UND AM TAG DANACH

Von Andreas Baum

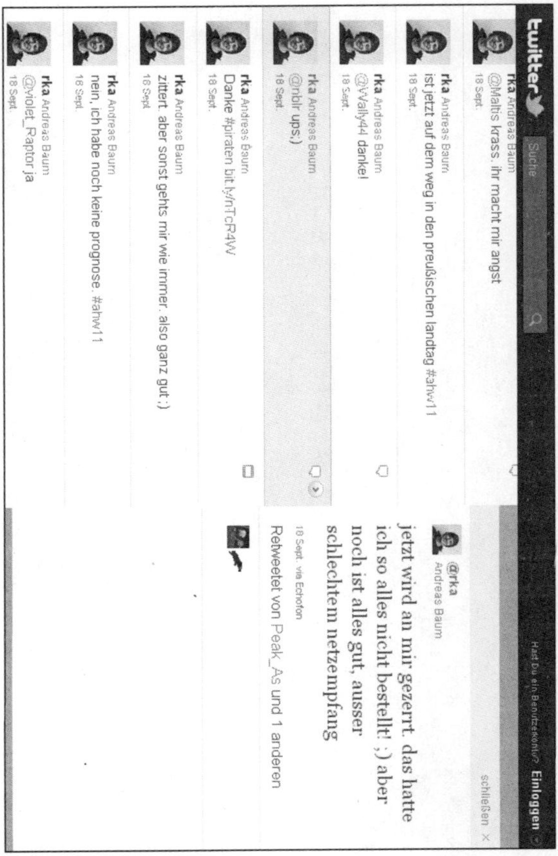

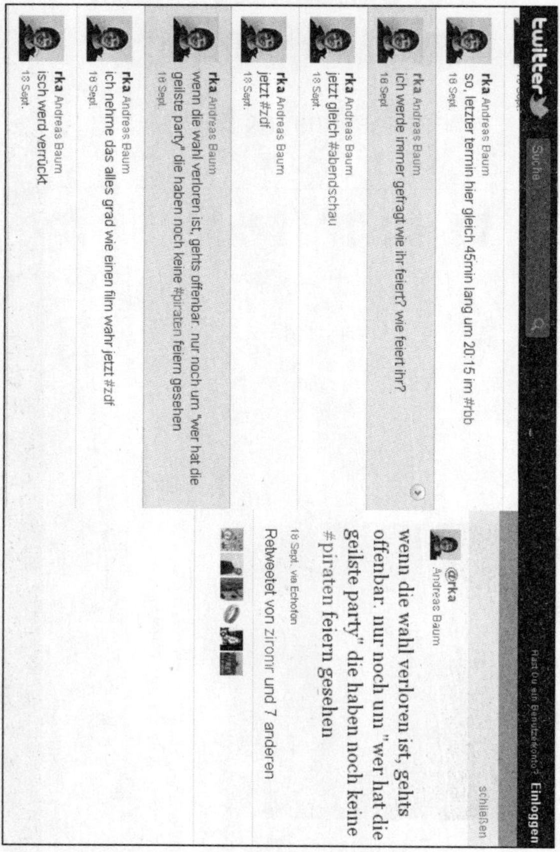
twitter
Suche
Hast Du ein Benutzerkonto? Einloggen
rka Andreas Baum
so, letzter termin hier gleich 45min lang um 20:15 im #rbb
18 Sept.
rka Andreas Baum
ich werde immer gefragt wie ihr feiert? wie feiert ihr?
18 Sept.
rka Andreas Baum
jetzt gleich #abendschau
18 Sept.
rka Andreas Baum
jetzt #zdf
18 Sept.
rka Andreas Baum
wenn die wahl verloren ist, gehts offenbar. nur noch um "wer hat die geilste party" die haben noch keine #piraten feiern gesehen
18 Sept.
rka Andreas Baum
ich nehme das alles grad wie einen film wahr jetzt #zdf
18 Sept.
rka Andreas Baum
isch werd verrückt
18 Sept.
schließen
@rka
Andreas Baum
wenn die wahl verloren ist, gehts offenbar. nur noch um "wer hat die geilste party" die haben noch keine #piraten feiern gesehen
18 Sept. via Echofon
Retweetet von zironir und 7 anderen

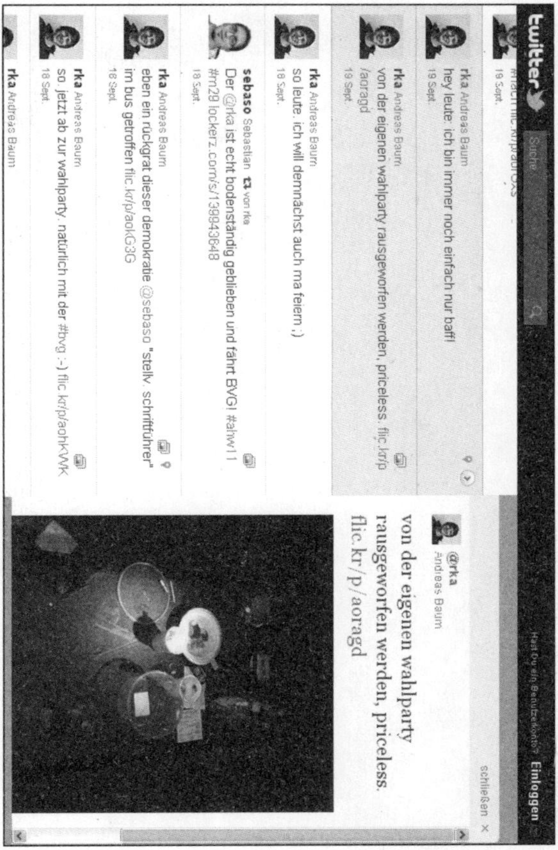
twitter
Suche
Hast du ein Benutzerkonto? Einloggen
19 Sept.
rka Andreas Baum
hey leute: ich bin immer noch einfach nur baff
19 Sept.
rka Andreas Baum
von der eigenen wahlparty rausgeworfen werden, priceless. flic.kr/p/aoragd
19 Sept.
rka Andreas Baum
so leute. ich will demnächst auch ma feiern ;)
18 Sept.
sebaso Sebastian von rka
Der @rka ist echt bodenständig geblieben und fährt BVG! #abw11 #m29 lockerz.com/s/139943648
18 Sept.
rka Andreas Baum
eben ein rückgrat dieser demokratie @sebaso "stellv. schriftführer" im bus getroffen flic.kr/p/aokG3G
18 Sept.
rka Andreas Baum
so, jetzt ab zur wahlparty. natürlich mit der #bvg :-) flic.kr/p/aohKWk
18 Sept.
rka Andreas Baum
@rka
Andreas Baum
von der eigenen wahlparty rausgeworfen werden, priceless. flic.kr/p/aoragd
schließen

»KEIN BANKVORSTAND KANN SEINE BILANZ ERKLÄREN«

DIE PIRATENPARTEI SCHÄRFT IHR WIRTSCHAFTSPROFIL. WIE, ERLÄUTERT VORSTANDSMITGLIED MATTHIAS SCHRADE. DER FINANZEXPERTE WIRBT FÜR EIN KERNEUROPA OHNE GRIECHENLAND, FÜR STEUERN AUF DERIVATE UND WILL NICHT ALS U-BOOT DER FDP GELTEN.

Von Oliver Stock, Jochen Bohle und Dieter Neuerer

Finanzanalyst, Unternehmer und – Pirat. Das ist Matthias Schrade. Der 32-Jährige ist genau das, was man sich wohl nicht unter einem Mitglied der Piratenpartei vorstellt. Geschniegelt und gebügelt, mit Anzug und Krawatte erscheint er zum Interview. Er weiß selbst, dass er »anders« ist und nicht dem Piraten-Klischee entspricht. »Ich bin ja vom beruflichen Hintergrund her auf den ersten Blick der klassische FDP-Typ, wurde anfangs sogar als U-Boot der Liberalen verdächtigt und musste Aufklärungsarbeit leisten, dass dem nicht so ist.« Und diese Aufklärungsarbeit könnte die Piraten noch weit bringen.

Zuletzt lag die Partei in Umfragen bundesweit bei 10 Prozent. Die Wähler fühlen sich von etablierten Parteien nicht mehr vernünftig vertreten. Sie wenden sich ab – viele aus Protest. Schrade könnte die Piraten mit seinem Können noch populärer und vor allem noch wählbarer machen. Er könnte die Partei mit seinem Wirtschaftswissen von ihrem Internetfreak-Image befreien. Ehrenamtlich sitzt Schrade im Bundesvorstand der Piratenpartei, sonst ist er Geschäftsführer der Düsseldorfer GSC Research GmbH und auf die Analyse von Nebenwerten an der Börse spezialisiert.

Im vergangenen Jahr hat er geholfen, seiner Partei im Wahlkampf in Nordrhein-Westfalen ein Wirtschaftsprofil zu geben und hat einen Teil des Wirtschaftsprogramms mitgeschrieben. Im Interview spricht er über die Euro-Krise und zeigt Lösungsmöglichkeiten auf. Und er skizziert finanz- und wirtschaftspolitische Positionen, die vielleicht auch irgendwann zur Parteilinie werden. Das müssen dann aber schon auch alle wollen, betont Schrade. Denn, sagt er: »Wir sind basisdemokratisch und keine Diktatur.«

Das Interview:

Wie erklären Sie sich den großen Zuspruch für die Piratenpartei?
Um den Erfolg der Piraten zu verstehen, müssen Sie verstehen, wie wir auf die Bürger wirken. Den Leuten

ist es um Welten lieber, wenn sie jemanden treffen, der sich mit ihnen auf Augenhöhe unterhält. Sie wollen nicht mehr mit verklausulierten und ausgefeilten Ausflüchten der etablierten Parteien abgespeist werden. Die meisten von uns waren vorher noch in keiner anderen Partei. Ich habe immer wieder mit dem Gedanken gespielt, in die FDP einzutreten. Ich habe es aber dann gelassen, weil ich keine Lust hatte, mich erst jahrelang hochzudienen und mich irgendwelchen Seilschaften unterzuordnen, um dann etwas bewegen zu können.

Was haben die Piraten, was die FDP nicht hat?
Jeder, der bei uns mitmachen möchte, kann sofort und völlig unbürokratisch mit dem Bundesvorstand oder gewählten Abgeordneten kommunizieren. Jeder kann politische Inhalte einbringen und dem Bundesparteitag zur Abstimmung vorlegen. Das ist nicht wie bei anderen Parteien an Delegierte gekoppelt, die entsandt werden. Und es gibt auch keine Sperrfristen. Jeder kann sich zu jeder Zeit einbringen.

Das lässt sich doch bei zunehmender Professionalisierung nicht durchhalten.
Das haben andere vor zwei Jahren auch schon behauptet. Aber das unterscheidet uns eben von anderen Parteien. Wir sind basisdemokratisch und keine Diktatur. Sicher ist das auch arbeitsintensiv, wenn sich die Themen nicht nur aus speziellen Arbeitskreisen heraus entwickeln. Aber es funktioniert.

Und wie sieht der Prozess in politischer Verantwortung aus? In Berlin sitzen die Piraten ja im Landesparlament.
In manchen Fällen ist es sicher dann nicht möglich, Positionen basisdemokratisch noch einmal zu hinterfragen. Das ist aber auch nicht nötig, da die groben Grundrichtungen bei Themen wie Atomkraft oder Euro von der Basis schon feststehen.

Ist es ein Problem für die Piraten, dass sie noch nicht auf allen politischen Feldern Antworten geben können?
Das ist nicht wirklich ein Problem, da wir in der Partei zu allen relevanten Themen kompetente Leute haben, die Stellung nehmen können. Unsere Aufgabe ist es, diese Kompetenzen unter den 15 000 Mitgliedern zu identifizieren.

Sie sagen: kein Problem. Aber nach der Wahl ist vor der Wahl – und die Bürger wollen natürlich Antworten auf drängende Fragen. Zurzeit wird lebhaft über die Wirtschafts- und Finanzkrise diskutiert. Wie stehen die Piraten hierzu?
Momentan haben wir noch kein offiziell verabschiedetes Wirtschaftsprogramm. Das heißt aber nicht, dass es innerhalb der Partei dazu keine Meinung gibt. Ich finde es aber schon lustig, dass man gerade von uns, die wir noch nicht einmal im Bundestag sitzen und erst vor wenigen Wochen in einen Landtag eingezogen sind, Antworten auf die Euro-Krise erwartet. Und das, obwohl die anderen Parteien auch keine wirklichen Antworten parat haben. Selbst die nicht, die das Thema Wirtschaft zu ihrer Kernkompetenz zählen. Das finde ich schon amüsant.

Vielleicht können Sie den anderen ja auf die Sprünge helfen.
Einige Antworten lassen sich aus unseren Kernkompetenzen ableiten. Zum Beispiel stehen die Piraten für die größtmögliche Transparenz in allen Bereichen. Und jetzt schauen Sie sich den Finanzsektor an. Die Banken sind ein Hort der Intransparenz. Das ist sicherlich ein Mitauslöser für die Krise. Ich behaupte mal, dass kein Vorstand einer Bank die Bilanz seines Instituts vollständig erklären kann. Der deutsche Mittelstandsfinanzierer IKB hatte eine Milliarde Eigenkapital, aber im Anhang zur Bilanz war versteckt in einem Satz die Rede von außerbilanziellen Verpflichtungen in Höhe von 15 Milliarden Euro. Das war letztlich die Summe, die die Bank in die Pleite getrieben hat.

Wie sieht es auf dem Sektor Derivate, Zertifikate und ETFs aus? Teilweise braucht man diese Instrumente. Wo würden Sie anfangen, Grenzen zu ziehen?
Derivate waren gut für Landwirte, die darüber ihre Risiken absichern konnten. Als Instrument machen sie also grundsätzlich Sinn. Was keinen Sinn macht, wenn plötzlich mit diesen Derivaten ein lebhafter Handel beginnt, und dieser Handel dann ein Vielfaches des Volumens erreicht als der Handel mit den eigentlichen landwirtschaftlichen Produkten. Das muss man unbedingt unterbinden. Mit einer Steuer kann man diese Derivate-Geschäfte sehr schnell unattraktiv machen, ohne sie verbieten zu müssen. Ich würde daher für eine Finanztransaktionssteuer auf Derivate plädieren.

Ist das ein Ansatz, den die Piraten in die Diskussion einbringen wollen?

Es ist erst einmal meine persönliche Meinung und ich werde mich dafür einsetzen, dass das Parteilinie wird – entscheiden muss dies aber die Basis. Man muss auch sehen, Kursauf- und abschläge hat es schon immer gegeben, auch mal die einen oder anderen Börsenturbulenzen. Richtig gefährlich wird es aber, wenn wir es mit Finanzprodukten zu tun haben, die selbst Banken, die sie verticken, nicht verstehen. Gerade bei Derivaten ist es ja inzwischen so, dass niemand die Risiken einzuschätzen vermag, die Produkte aber von heute auf morgen in bestimmten Marktsituationen wertlos werden können.

Reicht eine Steuer, um Bürger vor solchen Produkten zu schützen?

Man sollte auch die Leute stärker für diese Themen sensibilisieren. Ich habe als Schüler eine Börsen-AG gegründet, weil es in der Schule kein anderes Angebot dazu gab. Hier besteht Optimierungsbedarf. Ich bin der Ansicht, dass die Grundmechanismen von Börse und Wirtschaft den Schülern beigebracht werden müssen.

Stichwort: Euro-Krise. Wie ist Ihre Position zu einem möglichen Schuldenschnitt für Griechenland?

Auch hier gibt es noch keine Parteiposition. Ich persönlich bin der Ansicht, dass wir um einen Schuldenschnitt nicht herumkommen. Wir sind längst über die kritische Grenze hinweg, wenn man die hohe Zinsbelastung Griechenlands berücksichtigt bei einer gleichzeitig schrumpfenden Wirtschaft. Eine Firma mit solchen katastrophalen Kennzahlen wäre längst pleite. Es macht daher wenig Sinn, noch mehr Geld zu verpulvern oder Schulden staatlicherseits zu erlassen. An den Grundproblemen der griechischen Wirtschaft ändert sich dadurch gar nichts.

Auch andere Länder stecken in der Verschuldungsfalle.
Deshalb müssen wir den Geburtsfehler des Euros beseitigen. Der Euro hat mal sehr klare Stabilitätskriterien gehabt. Die wurden dann aus politischen Gründen aufgeweicht – bis hin zu klaren Verstößen, ohne dass dies sanktioniert worden wären. Griechenland hat sogar mit geschönten Haushaltszahlen gearbeitet. Ich glaube, dass wir nicht umhinkommen werden, ein Kern-Europa mit dem Euro als Währung zu bilden mit Ländern wie Deutschland, Österreich, Frankreich, Benelux. Wir brauchen eine Zone, die wirtschaftlich homogen ist und nicht, wie heute, komplett auseinanderdriftet. Dann würden wir eine stabilere Währungsunion bekommen, als die, die wir heute haben. Anderen Ländern steht es dann natürlich offen, beizutreten, sofern sie ihr Wirtschaftssystem reformiert und stabiler gemacht haben.

Das hieße, Griechenland müsste raus aus dem Euro.
Nicht nur Griechenland.

Das ist natürlich eine zurzeit populäre Position. Handeln Sie da nicht auch ein Stück weit taktisch, um Wahlen zu gewinnen?
Die Piraten werden genau das nicht tun, weil es nicht der Sinn von Politik ist, taktisch zu handeln. Wir wollen vernünftige Lösungen. Gerne sind wir auch bereit, mit Herrn Ackermann ein öffentliches Gespräch darüber zu führen, was Sinn macht und was nicht. Wir beharren ja nicht auf Positionen, wenn sie eine Lösung der Euro-Problematik eher verschärfen als erleichtern.

Parteitaktik wird man Ihnen aber dennoch unterstellen.
Mit diesem Problem haben eher andere Parteien zu kämpfen, die wie die FDP eine bestimmte Klientel bedienen wollen. Das hat man ja bei der Hotelsteuer gesehen. Dabei ist meine Wahrnehmung, dass Steuersenkungen speziell für mittelständische Unternehmen gar nicht das große Thema sind. Ich bin selbst Unternehmer – und zahle auch meine Steuern. Mir und vielen anderen ist es aber viel wichtiger, dass die Politik bürokratische Hürden abbaut und das Steuersystem transparenter und für alle verständlicher macht.

Wir stehen vor einem wichtigen Gipfel zur Euro-Rettung am Sonntag. Überzeugt Sie das, was die Politik bisher in der Euro-Frage abgeliefert hat?
Mit ihren immer wieder neu aufgelegten Hilfspaketen rettet die Politik nichts, sie verschlimmert die Krise eher noch, weil sie die systemischen Probleme nicht angeht und löst. Wir steuern auf eine Pleite von Gesamt-Europa hin. Wenn hochverschuldete Länder oder Ban-

ken mit immer mehr Geld gestützt werden, dann wird es irgendwann keine Staaten mit AAA-Rating mehr geben. Und die EZB wird dann als Retter auch ausfallen. Die Zentralbank wäre nach meiner Einschätzung jetzt schon faktisch überschuldet, wenn sie die aufgekauften Risikoanleihen nach kaufmännischer Bilanzierung bewerten würde.

Nicht nur staatlicherseits liegt vieles im Argen, auch auf Seiten der Finanzwirtschaft. Die Deutsche Bank macht bis zu 70 Prozent ihrer Erträge im Investmentbanking. Hätte dieses Geschäftsmodell noch eine Zukunft mit den Piraten?
Intern diskutieren wir auch das Thema Trennbanken. Ich bin da sehr skeptisch, ob sich damit Risiken wirklich minimieren lassen und ob man im Fall der Fälle dann eine Investmentbank wirklich pleitegehen lassen würde.

Und den Bankensektor komplett verstaatlichen?
Wenn ich mir ansehe, wie dilettantisch die Landesbanken geführt und beaufsichtigt wurden, ist das das Letzte, was wir brauchen.

Wie sieht Ihre Lösung aus?
Eine Patentlösung habe auch ich nicht. Ein großes Problem aber sind Bankgeschäfte, die sich nicht in der Bilanz der Bank niederschlagen und also auch nicht mit Eigenkapital unterlegt sind. Genau so etwas hat die IKB in die Tiefe gerissen. Das gehört scharf reguliert. Staatsanleihen gelten zwar als todsicher, aber historisch

gesehen endete noch jede Währung in einem Staatsbankrott. Wir müssen also erst einmal die Probleme unseres heutigen Systems identifizieren und dann überlegen, welches System wir stattdessen haben wollen.

Sie könnten all dies mitbeeinflussen und auf den Weg bringen, wenn Sie in Regierungsverantwortung wären. Streben Sie diesen Weg an?

Ich werde mich für meine Themen starkmachen und in meiner Partei dafür werben. Aber ich strebe deshalb keine Machtposition an. Das ginge bei uns auch überhaupt nicht, weil immer die Basis über Posten und Positionen entscheidet. Ich bin ja vom beruflichen Hintergrund her auf den ersten Blick der klassische FDP-Typ, wurde anfangs sogar als U-Boot der Liberalen verdächtigt und musste Aufklärungsarbeit leisten, dass dem nicht so ist. Regierungsverantwortung ist im Übrigen gar nicht unbedingt notwendig, um etwas zu bewegen. Allein schon, dass es uns gibt, jagt den anderen Parteien so viel Angst ein, dass sie versuchen, uns die Themen streitig zu machen, für die wir originär stehen.

99 FRAGEN AN ANDREAS BAUM

Von Moritz von Uslar

Berliner Abgeordnetenhaus: die Tür zum Sitzungssaal Nummer 109. In zwei Tagen, am 26. Oktober, beginnt die offizielle Amtszeit der am 18. September mit 8,9 Prozent sensationell ins Berliner Stadtparlament gewählten Piraten. Bundesweit steht die Partei bei 10 Prozent – das ist die viertstärkste politische Kraft nach den Grünen, die vor den Linken und der FDP. Mit Andreas Baum haben die Berliner Piraten einen Vorsitzenden, den man sympathisch finden muss – es geht wirklich nicht anders: Er sieht wie eine 2011-Mischung aus Rudi Dutschke, Emil Tischbein und Telekom-Kundenberater aus. Bisschen schwierig ist, dass das Programm der Piraten in den Köpfen ihrer potenziellen Wähler reichlich konfus ist («irgendwas mit Internet und mit Transparenz») – aber auch das macht ja vor allem gute Laune. Die wunderbare Aura des Offenen, Unbekümmerten, Angstlosen, des Noch-nicht-Zugenagelten, des Uneffizienten, des Unprofessionellen: Man kann als vom Blah des deutschen Politikbetriebs ganz normal total Gequälter ja gar nicht genug von dieser Art kriegen. Legendär ist heute Baums Antwort auf die Frage eines Fernsehreporters, wie hohe Schulden Berlin habe («Viele, viele Millionen«; seither weiß ganz Deutschland, dass

Berlin über 63 Milliarden Euro Schulden hat). Dass es sich bei den Piraten nicht einfach um eine neue Partei, sondern um eine neue Kultur, einen neuen Politikstil handelt, war in dem Moment klar, als der frisch gewählte Vorsitzende auf die Frage der ARD-Wahlstudio-Interviewerin mit den immer klugen, immer richtigen Worten »Keine Ahnung« antwortete und dazu sein entwaffnendes Lächeln aufsetzte. Der Vorsitzende kommt mit dem piratigen Viertelstündchen Verspätung: Rucksack, Trainingsjacke, Turnschuhe. Er ist angenehm groß. Saal Nummer 109 ist von debattierenden Parteikollegen besetzt, die neuen Räume, die den Piraten zustehen, hat die abgewählte FDP noch nicht geräumt. Wir sitzen also auf zwei im Flur des Abgeordnetenhauses aufgebauten sehr hässlichen roten Ledersesseln. Dauernd kommen Anzugmenschen vorbei, gucken, grüßen: Wenn das kein transparenter Ort für ein Interview ist. Er wirkt vollkommen unaufgeregt. Ja, es waren viele Interviews in den letzten Wochen.

1 BlackBerry oder iPhone?
iPhone.
2 Haschisch oder Beck's-Bier?
Beck's.
3 Geld verdienen oder Gutes tun?
Gutes tun.

Wie bei vielen zugezogenen Berlinern glaubt man bei ihm ein leichtes Berlinerisch zu hören: 2003 zog Baum, geboren und aufgewachsen in Kassel, 27-jährig nach Berlin. Man kennt sein Gesicht vielleicht aus der Zeitung, aber weiß doch praktisch noch nichts von ihm: Die folgenden Fragen sollen die Silhouette seiner Person in die Luft schießen.

4 Ihre Augenfarbe?
Graugrün. Nein, braungrün, so rum war's.
5 Ihr Abi-Durchschnitt?
Ich habe kein Abitur. Fachhochschulreife. 2,3.
6 Ihr Intelligenzquotient?
Nie gemessen.
7 Überflieger-Jahrgang 1978?
Nö.
8 Die Berufe Ihrer Eltern?
Beide Lehrer. Mathematik und Physik am Gymnasium. Interessant ist doch, dass der Sohn leider kein Abitur hat.
9 Ist es Ihnen heute peinlich, dass Sie drei Jahre bei der Telekom gearbeitet haben?
Ich habe bei einem Subunternehmer der Telekom gearbeitet. Insofern: Nein, ist mir nicht peinlich.
10 Wie viele Polohemden von H&M sind es derzeit in Ihrem Kleiderschrank?
Vielleicht fünf.
11 Besitzen Sie mittlerweile einen Anzug?
Schon lange. Spätestens seit der Beerdigung meiner Mutter im Jahr 1990.
12 Warum tragen Sie, obwohl ranghohes Mitglied der Piraten, keinen Pferdeschwanz?
Lange Haare sind mir zu aufwendig.
13 Hat einer wie Sie eine Freundin, oder möchte er darüber hier besser nicht reden?
Gerne nicht darüber reden.
14 Wie hoch schätzen Sie den weiblichen Anteil Ihrer Persönlichkeit ein?
Auf 30 Prozent.

15 Gehört das zum Look eines Piraten, dass man ein bisschen arm rüberkommt?
Wir haben sowohl Reiche wie auch Arme in unserer Partei. Aber wir kümmern uns gleichermaßen mehr um die Armen als die Reichen, weil die Armen bedürftiger sind und die Reichen sich besser selber helfen können.
16 Ist das wichtig, dass man als Pirat immer ein bisschen ungewaschen aussieht?
Nö.

Gütiges Lächeln des Berliner Chefpiraten. Das findet er auch lustig, dass die Piraten stinken sollen. Warum? Er wirkt eben alles andere als ungewaschen, ganz so, als komme seine Schluffi-Garderobe gerade frisch aus dem Trockner. Des Piraten Trainingsjacke riecht gut nach Waschmittel. Seine Hände liegen zwischen den Jeansbeinen. Genug niedliche Blabla-Fragen: auf in die ernste Politik! Wir spielen ARD-Wahlstudio.

17 Einverstanden, dass der Parteiname »Die Piraten« ein absolut lächerlicher ist?
Ja. Der Name wurde anfangs ja ironisch verwendet, er ist eine Umdeutung des Labels »Die schlimmen Piraten, die den großen Musikkonzernen durch illegales Downloaden das Geld wegnehmen«. Wir zeigen, dass man auch mit so einem Namen Sinnvolles und Ernsthaftes tun kann.
18 Was ist eine Weiche-Themen-Partei?
Das ist eine Partei, die sich um ein Thema herum – der gläserne Staat, Datenschutz für den Bürger – gegründet hat und sich seither ständig thematisch erweitert.

19 Voll auf Kurs, aber ohne jeden Plan?
Nö.
20 Echt wahr, dass Sie statt eines Parteiprogramms nur ein Betriebssystem haben?
Wir haben natürlich ein Parteiprogramm.
21 Hat Barack Obama sich den wunderschönen Begriff Liquid Democracy ausgedacht, oder waren das Sie?
Weder noch.
22 Können Sie hier in verständlichen Worten noch mal das Betriebssystem Liquid Feedback erklären?
Die Parteimitglieder können auf direktem Wege an Entscheidungen mitwirken: indem sie sich auf einer Online-Plattform einloggen und dort gemeinsam verbindliche Meinungsbilder erstellen können.
23 Schulfach Rauschkunde?
Ist wichtig, ja. Weil Kinder und Jugendliche sonst nicht auf das echte Leben, das sie hier draußen erwartet, vorbereitet werden.
24 Löschen statt sperren?
Muss sein, ja. Es hilft nichts, wenn man eine Spanische Wand vor einem Verbrechen im Park aufstellt mit einem Schild mit der Aufschrift »Bitte weitergehen«.
25 Zitat aus dem Piratenparteiprogramm: »Die allgemeine Verfügbarkeit von Informationen, Wissen und Kultur soll verbessert werden.« Echt?
Bedeutet: Jeder soll bessere Möglichkeiten haben, an Informationen, zum Beispiel Lehrmaterial von Universitäten, heranzukommen. Anderes Beispiel: Was hindert Schulen daran, Unterrichtsmaterial online zu stellen?

26 »Die Erfassung des Merkmals Geschlecht durch staatliche Behörden wie der Zwang zu geschlechtseindeutigen Vornamen soll abgeschafft werden.« Echt?
Ja. Zum Beispiel beim Personalausweis. Wir sehen keinen plausiblen Grund, warum der Staat diese Angabe braucht.

27 Können Sie hier mal bitte eine schockierend fortschrittliche Aussage zum Thema Urheberrecht machen?
Wir beschäftigen uns mit der Frage, wie das Urheberrecht so reformiert werden kann, dass der Anwender es versteht. Im Moment merken wir, dass sogar die, die eine Verschärfung des Urheberrechts fordern, mit der jetzigen Anwendung nicht klarkommen: Wenn Herr Kauder auf seiner Website gestohlene Bilder zeigt, begeht er, ohne dass er ein Bewusstsein dafür hat, eine Urheberrechtsverletzung.

28 Kann man sagen, dass der Durchbruch Ihrer Partei auf die absolut lächerliche und gescheiterte Stopp-Kinderporno-Aktion der Ministerin von der Leyen aus dem Jahr 2009 datiert?
Das hat uns geholfen. Die Themen, die danach hochpoppten, hätten allerdings denselben Effekt gehabt. Von der Leyen war Anlass, nicht Ursache unseres Erfolgs.

29 Ihre Antwort auf die Meinung, dass es sich bei den Piraten um einen Haufen hochbegabter Chaoten handelt?
Ist okay.

30 Ihre Antwort auf die verbreitete Meinung, dass es sich bei den Piraten um einen Machoklub handelt?
Das stimmt überhaupt nicht. Abseits der Geschlechtsmerkmale erkenne ich bei den Piraten mehr Weiblichkeit als bei den anderen Parteien.
31 Wann zuletzt so richtig schön über Ursula von der Leyens Frauenquote schlapp gelacht?
Weiß auch nicht. Ich lache mich über keine Frauenquote schlapp.
32 Was haben Sie persönlich gegen Frauen?
Gar nichts.
33 Feindbild Zensursula?
Sie hat das schon klasse bedient.
34 Feindbild Stasi-Schäuble?
Ach nö. Ein Erfolg ist natürlich, dass die Stasiakten 1990 nicht unbesehen vernichtet worden sind.
35 Ehemalige NPD-Mitglieder rein in die oder raus aus der Partei?
Weder noch. Wir sollten nicht um sie werben. Es kann aber durchaus sein, dass ein Mensch mal auf dem Irrweg war. Man kann einen Jugendlichen, der sich geirrt hat, nicht ein Leben lang aus der demokratischen Gesellschaft ausschließen. Es lohnt sich, da genau hinzugucken.
36 Wie heißt der tollste Wirrkopf Ihrer Partei?
Ich denke in Orten, Zeitpunkten, Versammlungen, nicht in Köpfen.
37 Schlimm, dass der jetzige Bundesvorstand früher bei der CDU war?
Schlimm mit Sicherheit nicht. Hilfreich ist es auch

nicht. Ehemalige Parteimitgliedschaften werden zu stark gewichtet. Ich denke, man muss die Menschen nach dem bewerten, was sie gerade tun, nicht danach, wo sie herkommen.

38 Wie erklären Sie sich den hochinteressanten und speziellen Style des Kollegen Gerwald »Atze« Claus-Brunner, der mit Kopftuch und Blaumann in Talkshows sitzt?

Das ist ein Arbeitstier.

39 War das wichtig, dass Marina Weisband, einziges weibliches Mitglied im Parteivorstand, gut aussieht?

Nein.

40 Die größte Begabung der 19-jährigen Berliner Piratin Susanne Graf?

Sie kann bestimmte Dinge und Situationen schnell erfassen und analysieren. Das ist unter Berücksichtigung ihrer Umstände – einzige Frau unter 15 Parteikollegen, Beginn der Parlamentsarbeit, Studium, das jetzt gerade anfängt – schon beachtlich. Ich würde das sicher nicht so gut hinkriegen.

Ist es langweilig bisher? Schon bisschen. Man muss schon sehr genau hinhören und sich für das Klein-Klein, das Einerseits-Andererseits seiner Antworten interessieren – Politik eben. Dann ist es nicht langweilig. Das wunderbare Nö-Tum des Andreas Baum. Er sagt eigentlich am allerliebsten »Nö«, und dann lächelt er. Baum zuhörend, denkt der Interviewer, dass viel mehr Politiker »Nö« sagen sollten – es steckt in diesem verminderten Nein ja immer auch noch die Möglichkeit eines Ja, also weniger Dogmatismus, weniger Verbohrtheit.

41 Müssen Sie auch immer so lachen, wenn die politische Konkurrenz in Interviews die Einschüchterungsworte »Lass die mal im politischen Alltag ankommen« aufsagt?
Nö. Ich habe da durchaus Respekt vor der vor uns liegenden Aufgabe.
42 Hat die Berliner FDP ihre Fraktionsräume besenrein an Sie übergeben?
Bisher sind die nicht raus. Die ziehen keinen Tag früher aus als nötig. Das Konferenzzimmer mit der Nummer 109 ist der einzige Raum, der uns zur Verfügung steht.
43 Welche Revolution in der Kantine des Berliner Abgeordnetenhauses müssen Sie noch lostreten?
Die Revolution in der Kantine haben wir schon durchgesetzt: Es gibt dort jetzt Club-Mate, das Kultgetränk der Piraten.
44 Was kann Fraktionschef Andreas Baum von US-Präsident Barack Obama lernen?
Von US-Präsident Obama? Keine Ahnung. Der ist schon sehr weit weg.
45 Wann zuletzt über die eigene Ahnungslosigkeit gefreut?
Ich freue mich immer nur, wenn ich etwas dazulerne: zuletzt bei unserem Lagerfeuer-Wochenende in Tschechien.
46 Wann zuletzt wegen Ihrer eigenen Ahnungslosigkeit geschämt?
Eine große Peinlichkeit war natürlich, dass ich nicht gewusst habe, wie hoch die Schulden des Landes Berlin

sind. Das war schon eine Schande. Da hätte ich mich gerne in ein Loch im Erdboden versenkt.

47 Antwortet man bei Interviews am besten möglichst oft mit »Das ist richtig«?

Nein.

48 Macht es Spaß, auf die pseudotoughen Fragen im ARD-Wahlstudio mit »Keine Ahnung« zu antworten?

Nein, Spaß macht das nicht.

49 Wie viele Einwohner hat Berlin?

Drei Millionen?

50 Wie heißt die Endstation der U1 in östlicher Richtung?

Die U1 fährt zwischen Uhlandstraße und Warschauer Straße.

51 Wie heißt der Berliner Polizeipräsident?

Herr Glietsch? Der Posten wird aber gerade neu besetzt, da gibt es ein Klageverfahren.

52 Ihre unterhaltsamste Forderung zum neuen Berliner Flughafen Schönefeld?

Für den alten Flughafen Tempelhof mag ich die Idee, dort einen Berg zu errichten.

Halbzeit. Er kommt gut klar: Er macht das hier mit leichter, federnder Konzentration. Dem Interviewer ist peinlich, wie sympathisch ihm dieser Trainingsjacken tragende Nachwuchspolitiker auf dem hässlichen roten Ledersessel nebenan ist. Machen wir das hier richtig? Müsste man diesem Supersympathen vielleicht toughere, gemeinere, technokratischere Fragen stellen? Ach nö! Lächelnder, die Hände zwischen seinen Jeansbeinen zusammenpressender Pirat. Wir gehen nun in den kurzweiligen Absatz mit dem Arbeitstitel »Piraten wählen, die Grünen quälen«. Mal hören, ob der Pirat gemein sein kann!

53 Kennen Sie einen lächerlicheren Parteinamen als »Die Grünen«?
Parteinamen sind immer überbewertet.
54 Ihr Stylingtipp an Claudia Roth?
Weniger Farbe tragen.
55 Wann zuletzt den wunderbaren Schlachtgesang »Ihr seid alt« angestimmt?
Von dem Lied weiß ich gar nichts.
56 Echt wahr, dass der Grüne Hans-Christian Ströbele, wenn er neben einem steht, bisschen nach Käsesocken riecht?
Ist mir nicht aufgefallen. Ich stand zweimal neben ihm, und es war beide Male ganz nett.
57 Echt wahr, dass Ihnen von Hans-Christian Ströbele ein Mitgliedsantrag vorliegt?
Er hat mich tatsächlich – und das habe ich noch nirgends erzählt – gefragt, ob wir noch Mitglieder aufnehmen. Was viele nicht wissen: Als einzige Partei in einem Parlament erlauben wir die Doppelmitgliedschaft. Man kann bei uns Mitglied werden und gleichzeitig in einer anderen Partei Mitglied sein.

Vorlage nicht genutzt: Das waren, natürlich, komplett sachliche und unhämische Antworten. Bravo. Des Piraten Moral, seine Unverführbarkeit überzeugen. Die Botschaft lautet: Die Grünen brauchen wir in Interviews nicht fertigzumachen, wir treiben sie lieber mit Wahlergebnissen vor uns her. Ein histori-

sches Verdienst der Piraten liegt darin, dass sie die Grünen als junge Partei abgelöst haben.

58 Ihre letzte Demo?

»Freiheit statt Angst«. Da ging's um die Vorratsdatenspeicherung. Natürlich habe ich bei der Occupy-Bewegung vorbeigeschaut.

59 Können Sie uns in wenigen verständlichen Worten den Hebel erklären?

Nein.

60 Hätten wir nach Libyen doch mit reingehen sollen?

Nein. Übrigens haben wir ja über Umwege an der Bombardierung Libyens teilgenommen: Es laufen Ermittlungen gegen die Waffenfirma Heckler & Koch.

61 Mit welchen Worten würden Sie dem Innenminister Friedrich, der da ja ein wenig begriffsstutzig zu sein scheint, die Brisanz der Trojaner-Affäre erklären?

Meine Frage wäre, ob er damit einverstanden wäre, wenn Leute, ohne dass er davon weiß, Zugriff auf seinen Computer haben.

62 Gehen Ihnen die Stuttgart-21-Proteste auch so auf die Nerven?

Ich bin gerade so mit Berlin-Zeug voll, daher die Gegenfrage: Gibt's die Proteste noch?

63 Ihre Kritik am Deutsche-Bank-Chef Josef Ackermann?

Ach, der.

64 Ihre Schnellkritik am Papst?

Der braucht, glaube ich, mehr Erdung.

65 Ist das für das ernsthafte Anliegen Ihrer Arbeit ein Problem, dass die Kapitalismuskritik derzeit weltweit so eine schicke und hippe Sache ist?
Ich betrachte das als Chance, nicht als Problem: Wir wollen den Leuten zeigen, wie man aus der Kritik heraus zu konkreten Forderungen kommen kann und diese im jetzigen System, ohne dass man es komplett abschalten muss, umsetzen kann.
66 Welches Ideal des Liberalismus möchten Sie dem FDP-Intellektuellen Christian Lindner gerne erklären?
Wie das mit den Bürgerrechten ist und was man für die tun muss. Im Moment macht die FDP keinen Sinn. Sie produziert keinen Sinn.
67 Wie lautet Ihr Mitleid mit dem plötzlich uralt wirkenden SPD-Internetberater Sascha Lobo?
In der Regel habe ich Mitleid immer nur mit Menschen, die mir nahegehen.
68 Verstehen Sie die Feuilletontexte des »FAZ«-Herausgebers Frank Schirrmacher?
Glaube schon, ja.
69 Namentlich, wer in den etablierten Parteien ist derzeit der scheinheiligste und gemeinste Internetversteher?
Da tun sich gerade viele hervor, zuletzt im Bundestag der Herr Uhl von der CSU.
70 Wenn ein Konservativer wie der CDU-Bundesgeschäftsführer Peter Altmaier sich zur digitalen Welt bekennt, hat sich der Sinn Ihrer Partei damit erledigt?
Der Sinn hat sich nicht erledigt, weil Herr Altmaier in seiner Partei alleine dasteht.

Wirklich irre, wirklich überraschend ist doch, dass die Piraten es ausgerechnet mit dem Langweilthema Internet – Lieblingsthema aller 60-jährigen Männer, die ihre 30-jährige Freundinnen beeindrucken wollen – ins Berliner Abgeordnetenhaus geschafft haben. Wen interessiert im Jahr 2011 denn noch das Internet? Anscheinend jetzt, gut zehn Jahre nachdem jeder zweite deutsche Haushalt WLAN hat, zum ersten Mal wirklich: alle. Wir versuchen nun, dem Nichtthema Internet so etwas wie Soul, so etwas wie eine Philosophie abzugewinnen.

71 Kennen Sie ein schöneres Geräusch als das Zischen des Computers, wenn die E-Mail den Postausgang verlässt?
Schönes Geräusch, stimmt.
72 Kann man Computern vertrauen?
Wenn man weiß, wie sie funktionieren, ja.
73 Was müssen Computer noch lernen?
Zu funktionieren. Was ich nicht vermisse, ist, dass Computer anfangen, für mich zu denken. Denken kann ich schon noch selber.
74 Was macht ein Mensch falsch, wenn er in seinem E-Mail-Account unentwegt Angebote zur Penisverlängerung vorfindet?
Er hat einen schlechten Spamfilter.
75 Haben Sie in all den Jahren eine Lösung für das leidige Problem des Papierstaus beim Ausdrucken gefunden?
Ich habe mir gerade einen digitalen Einzugscanner besorgt. Ausdrucken ist gar nicht so wichtig, wie – andere

Richtung – das Papier wieder zurück in den Computer zu holen.

76 Echt wahr, dass Sie Ihren Facebook-Account gekündigt haben?

Der ist stillgelegt, da ich diese Seite nicht so nutzen kann, wie ich das möchte. Ich kann da nicht zwischen öffentlicher und privater Person trennen.

77 Ist das Internet, wie die ganz Schlauen behaupten, gut für eine Bewegung, aber nicht gut für eine Partei?

Da beweisen wir ja gerade das Gegenteil.

78 Heißt Ihre persönliche Philosophie »Mal gucken«?

Das sage ich, glaube ich, ziemlich oft. Also ja.

79 Grundsätzlich, sind junge Menschen klüger als alte?

Junge sind oft frischer als alte. Es gibt eine jugendliche Undeprimiertheit, die für Gutes zu gebrauchen ist. Es hilft, möglichst lange jung zu bleiben im Kopf.

80 Haben Langhaarige die bessere Moral als Kurzhaarige?

Das ist Quatsch.

81 Sind Sie für die Demokratie der Fachleute?

Ja. Allerdings: Es muss ein Gleichgewicht geben. Wir sollten nicht alle Entscheidungen an Experten delegieren. Eine Expertenmeinung ist immer nur so gut, wie sie einem Nichtexperten verständlich gemacht werden kann.

82 Warum ist das Internet – ähnlich wie Fußball, Autorennen fahren, Bier trinken und Krieg führen – eine Männerdomäne?

Weil solche Fragen immer noch gestellt werden. Weil

diese gesellschaftlichen Festlegungen existieren, deshalb bekommen Jungs Computer und Mädchen Barbiepuppen, aber keine Computer geschenkt.

Der Piraten-Vorsitzende. Er hat, während er diese Fragen beantwortet hat, zum ersten Mal sein Gehirn in Gang setzen müssen: Seine Beine sind übereinandergeschlagen, mit zwei Fingern der rechten Hand zieht Andreas Baum die Haut oberhalb seines Adamsapfels vom Hals weg. Die Ruhe des Piraten: Seine Bescheidenheit, Nüchternheit, Lakonie müsste man haben. Wo nimmt er nur diese Ruhe her? Ach, möge dieser junge Politiker sich doch noch möglichst lange nicht darum kümmern, wie sein Verhalten auf Fernsehkameras und auf Interviewer wirkt!

83 Schätzen Sie Ihr Talent zwischen null Punkten, keine Begabung, und zehn Punkten, maximale Begabung, ein. Punk.
Drei.
84 Frauenheld.
Fünf.
85 Gutmensch.
Sechs.
86 Systemadministrator.
Eins.
87 Gerhard Schröder.
Fünf.
88 Johnny Depp.
Fünf.
89 Besitzen Sie eine Waffe?
Nur mein Smartphone.

90 Ihr Held der Oktoberrevolution 1917?
Keiner.
91 Ihr Held bei der Roten Armee Fraktion?
Helden interessieren mich nicht.
92 Was spricht gegen ein Dienstfahrrad?
Dass es nicht im Haushaltsplan steht.
93 Was sagt Ihre iPhone-App, wie viele Schulden Berlin in dieser Minute hat?
Es sind exakt 64 595 917 780 Euro. Und es werden pro Sekunde 87 Euro mehr.
94 Verstehen Sie, was der Rapper Bushido gegen Ihre Partei hat?
Erstens hat er uns noch immer nicht verstanden. Zweitens macht er Musik, die viele von uns ganz schlimm finden. Zu denen gehöre ich übrigens nicht.
95 Spontan, wie geht's der Würde des Menschen in diesem Herbst 2011?
So wie gestern. Bloß bisschen trüber.
96 Ist das Ihre Schwachstelle, dass Sie nicht rauchen?
Die Frage verstehe ich nicht.
97 Finden Sie sich eigentlich sehr gut aussehend?
Ist schon okay.
98 Wo nehmen Sie diese wunderbare Ruhe her?
Die hat man, oder die hat man nicht. Ruhe kann auch hinderlich sein. Manchmal wäre es notwendig, noch energischer und lauter aufzutreten.
99 Ausgeschlossen, dass Sie innerhalb der nächsten fünf Jahre zu den Grünen wechseln?
Ja.

II. UNTER PIRATEN

PIRATEN ZIEHEN VORBEI. AUS DEN ERINNERUNGEN EINES STAMMGRÜNENWÄHLERS

Von Detlef Kuhlbrodt

Oft sprachen wir über die Piraten. Youdid, die fast zwanzig Jahre jünger ist als ich, hatte sie bei den Berliner Wahlen mit allen drei Stimmen gewählt. »Wenn schon – denn schon.« Ich hatte den Piraten eine Stimme geschenkt.

Nun war es ein paar Tage später und wir fuhren durch den neuen Park am Gleisdreieck, den uns unsere kluge grüne Bezirksregierung geschenkt hatte. Das Wetter war super, der Park war schön und wir lachten über die Facebook-Diskussionen, die ich mit einem gemeinsamen Freund in den letzten Tagen geführt hatte. Wie M. noch kurz vor der Wahl einen »die Grünen als Hüter der Coolness« betitelten Propagandatext veröffentlicht hatte. Wie er »Piraten wählen ist unpolitisch« gepostet hatte, wie ich empört kommentiert hatte, »ich lass mir doch nicht von meinen leistungsbreiten und wohlhabenden grünen Freunden sagen, dass ich nicht die

Piraten wählen soll, nur weil die für Haschisch, Grundeinkommen und kostenlosen öffentlichen Nahverkehr sind«. Wie M. dann nach der Wahl die »lieben Wähler der Piraten« gefragt hatte, ob sie wüssten, dass unter den 15 gewählten Abgeordneten der Piraten nur eine Frau sei – »Das ist nicht 21. Jahrhundert, noch nicht mal 19., sondern 18. Jahrhundert.«

Youdid war das mit den Frauen und Männern egal. Mich hatte vor allem ein Ausspruch von Renate Künast genervt – »Auch Piraten kann man resozialisieren und ins bürgerliche Lager holen, sodass sie dann kein zweites Mal antreten« –, bei einer Grünenveranstaltung hatte ich mich gefühlt, wie ein Schüler im Lehrerzimmer und außerdem hatte ich ja, bevor ich sie nur teils wählte, meinen grünen Kandidaten auch genau erklärt, warum ich sie diesmal nicht ganz wählen würde.

Viele meiner Bekannten hatten die Piraten gewählt; einige auch die Partei »Die Partei«. Und die grünen Freunde hatten sich richtig geärgert, sie hatten ja in den Wochen vor der Wahl mitgekriegt, wie das Umfeld, das sie noch zu repräsentieren gemeint hatten, in Scharen zu den Piraten überlief.

So fuhren wir durch den neuen Park und sprachen über die Facebook-Diskussionen, an denen Youdid beobachtend meist – nur einmal hatte sie sich zu Wort gemeldet – teilgenommen hatte. Wir sprachen darüber, als wäre es ein gemeinsames Erlebnis in der wirklichen Welt gewesen. Und das war es ja auch.

Später, bei der Demonstration gegen die falschen Ansichten des Heiligen Vaters, der im September nach

Berlin kam, stand ich ganz nah bei einigen Vertretern der Piraten. Einen von ihnen hatte ich in den letzten Tagen oft im Fernsehen gesehen. Er trug das gleiche schwarze, mit vielen weißen Symbolen übersäte T-Shirt, dass er auch immer im Fernsehen angehabt hatte. Den anderen kannte ich von einem Plakat. Er hielt tatsächlich das Plakat mit seinem eigenen Gesicht in die Höhe. Und sah auch in echt ganz genauso aus wie auf dem Plakat, auf dem stand: »Ich will lieben, wie ich bin!« Die seltsame Mehrdeutigkeit gefiel mir.

Ich reagierte aber wie immer, wenn ich plakatierte Politiker in echt sehe: Ich musste lachen. Es war ja auch komisch, plötzlich neben Leuten zu stehen, die ich so oft auf Plakaten, in der Zeitung und im Fernsehen gesehen hatte, über die ich so viel in den letzten Wochen nachgedacht und geredet hatte und die dann eben plötzlich so einen tollen Überraschungssieg gelandet hatten.

In dem Ton, in dem man Freunden von auswärts eine lokale Sehenswürdigkeit vorstellt, sagte ich zu Johanna, die aus Dresden zur Demo gekommen war: »Und das sind meine Piraten.« Einer der Piraten hörte wohl, was ich gesagt hatte, vielleicht war es ihm auch unangenehm, dass ich ihn so angegrinst und meine Begleiterin dabei angestoßen hatte: Anders als der Kreuzberger Bezirksbürgermeisterkandidat der SPD, Jan Stöß, der humorvoll reagierte, als ich ihn im Wahlkampf mal begeistert angesprochen hatte, schaute der Pirat ein bisschen grimmig. Auch die anderen wirkten leicht genervt, erschöpft, ein bisschen unsicher vielleicht auch, wie sie mit ihrer plötzlichen Prominenz umgehen sollten.

Mir fiel ein Interview mit einem Piratensprecher ein, der gesagt hatte, ihm sei es nicht so recht, wenn Leute die Piraten nur so aus Protest oder zur Unterhaltung wählen würden. Wahrscheinlich dachte er, ich sei auch so einer. Ich hatte sie aber nicht nur aus Quatsch gewählt.

Später schaute ich mir die Papstrede im Fernsehen an. Renate Künast, die im Wahlkampf so verkrampft und biestig gewirkt hatte, schien nach der Rede so entspannt und guter Dinge, wie nie zuvor. Auch der schwule Grünenpolitiker Volker Beck, den ich auf der Demo gesehen hatte, wirkte irgendwie ganz selig.

Nur ich wurde in den nächsten Tagen ganz traurig. Ich vermisste die freilaufenden Politiker auf der Straße. Es war ja so schön im sommerlichen Wahlkampf gewesen; fühlte man sich einsam, ging man einfach raus und plauderte mit Politikern, die überall herumstanden. Die meisten freuten sich, wenn man zu ihnen ging, gaben gern Auskunft und schimpften auch nicht, wenn man jemand anders wählen wollte. Manche waren ein bisschen schüchtern. Man selber traute sich aber auch nicht, jeden anzusprechen. Oft hatte es auch Traubenzucker gegeben. Nun ist das leider nicht mehr so. Die PiratInnen haben zwar gesagt, dass sie sich über Besuch freuen, aber das bringt ja nichts, weil so viele Kamerateams jetzt immer dahin gehen und jede Gesprächsmöglichkeit zerhacken. Ich wünsche den Kamerateams alles Schlechte! Sehr gut gefällt mir aber, dass sich die PiratInnen am Ende ihrer Mails stets »mit piratigen Grüßen« verabschieden.

ENTERN ODER KENTERN? WIE ZWEI PIRATEN-ABGEORDNETE DIE ERSTEN TAGE NACH DER BERLINER WAHL ERLEBTEN

Von Jan Philipp Burgard

Unterwegs am ersten Tag nach dem Überraschungserfolg der Piraten bei den Berliner Landtagswahlen. Der Sicherheitsmann am Eingang des Berliner Abgeordnetenhauses beäugt Simon Kowalewski, als habe er mindestens ein paar Farbbeutel für eine Protestaktion in seinem Rucksack. Kowalewski ist langhaarig, bärtig und trägt einen schwarzen Campinghut zu schwarzem T-Shirt. Aber der junge Mann plant keine Spontandemo, er will seinen neuen Arbeitsplatz besichtigen. Kowalewski, IT-Administrator und Betreiber eines veganen Biocafés, hat als 14. von 15 Kandidaten der Landesliste den Sprung ins Berliner Parlament geschafft. »Ich hoffe, das dauert in Zukunft nicht immer so lange«, sagt er zu dem Sicherheitsmann und lächelt. Grummelnd lässt dieser Kowalewski passieren und guckt dem Neu-Abgeordneten hinterher, als verstünde er die Welt nicht mehr.

Kowalewski macht sich auf die Suche nach Saal 113. Hier findet die erste offizielle Pressekonferenz der Piraten statt, seit sie 8,9 Prozent der Stimmen bekommen haben. Auf dem Weg dorthin wirft Kowalewski schon mal einen Blick in den Plenarsaal. »Ich weiß noch gar nicht, wo die Piraten sitzen, auf dem Diagramm waren sie ja immer ganz rechts, das ist natürlich nicht so gut von der politischen Aussage her.« Bisher sah sich Kowalewski eher linksaußen. Der 30-Jährige war bereits in der PDS aktiv, bei den Violetten und in der Antifa-Bewegung. Heute bezeichnet er sich selbst als »Radikalfeminist«. Er will Sexismen im Alltag aufzeigen und abbauen. Auf der Pressekonferenz verkündet Kowalewski aber zunächst das parlamentarische Arbeitsmotto und ruft das »grundlegende Ordnungsprinzip des Chaos« aus. Und das muss nicht einmal herbeigeredet werden. Ausgerechnet bei den als Computerexperten geltenden Piraten funktioniert die Powerpoint-Präsentation auf der Großbildleinwand nicht. Daraufhin hebt ein Pirat einfach seinen Laptop hoch und dreht den Bildschirm zu den wartenden Journalisten. »Jetzt passiert was ganz Tolles«, sagt er. »Ich zeige Ihnen das Internet.« Gezeigt wird dann der neue Blog der Fraktion. In einer Art Internettagebuch wollen die Piraten für jeden sichtbar über ihre Arbeit im Parlament berichten. Doch beim Zauberwort Transparenz geraten sie schnell an ihre Grenzen. Die Frage, ob die Wahl des Fraktionsvorsitzenden im Internet übertragen werden soll, sorgt für den ersten großen Knall. Viele Zeitungen berichten darüber.

Die Piraten-Fans stört das nicht, im Gegenteil. Zum Stammtisch kommen so viele Interessierte wie noch nie. Die Schlange vor dem »Kulturverein Kinski« in Neukölln geht bis auf die Straße. Drinnen sitzt Simon Kowalewski im Stuhlkreis umringt von potenziellen Neumitgliedern, gibt ein Fernsehinterview und genießt die Aufmerksamkeit: »Man kommt mit Leuten in Kontakt, man kann seine Meinung zu Themen äußern, man hat 'ne Wirkung, das ist toll.«

Auch Gerwald Claus-Brunner, Nummer 13 der Landesliste, entdeckt gerade seine Wirkung. Der gelernte Industriemechaniker will selbst als zukünftiger Berufspolitiker seinen Blaumann nicht gegen Anzüge tauschen, hat sich dazu noch ein piratenmäßiges Tuch um den Kopf gebunden und wurde auch wegen seines Looks in die Talkshow von Markus Lanz eingeladen. Zufrieden sitzt er nun in der Maske hinter den Kulissen eines Hamburger Fernsehstudios. An das Puder muss der Pirat sich erst noch gewöhnen, aber ansonsten fühlt sich Claus-Brunner bereits fit für große Auftritte. Von spezieller Vorbereitung hält er wenig. »Das kommt von selber, das ist einfach Übung. Den einen ist es gegeben, den anderen nicht. Ich habe da durchaus ein kleines Talent, ich kann das vielleicht etwas besser als andere Mitpiraten aus meinem Landesverband«, sagt er.

Zurück in Berlin. Simon Kowalewksi wollte eigentlich als Zuschauer eine Diskussion über Bürgerbeteiligung besuchen. Jetzt hat er als geladener Gast das Podium selbst erobert und kann seine politischen Ziele präsentieren. Im Abgeordnetenhaus will er mit seinen Piraten für ein bedingungsloses Grundeinkommen kämpfen, für freie Fahrt im öffentlichen Nahverkehr und für die Legalisierung weicher Drogen. Basisdemokratisch sollen die Mitglieder in allen inhaltlichen Fragen mitreden. Um sich ganz auf seine neue Aufgabe konzentrieren zu können, gibt Simon Kowalewski seinen Job auf. Sein veganes Café bleibt ab sofort geschlossen: Sitzungsstress statt Sojamilch. Während Kowalewski Kaffeetassen und Körnerkekse in Kartons einräumt, wagt er einen Ausblick auf die bevorstehende Sitzung, auf der die Piraten ihren Fraktionschef küren wollen. »Es könnte durchaus sein, dass das jetzt die absolute Psychonummer wird. Wir sind fünfzehn Leute mit unterschiedlichen Ideen, manchmal auch sehr widersprüchlichen Vorstellungen, die jetzt zusammenarbeiten«, sagt Simon Kowalewski. »Es könnte also sein, dass wir uns erst mal ordentlich anschreien müssen, damit wir hinterher gut zusammenarbeiten können.« Doch selbst dieser gruppentherapeutische Ansatz bringt bei der entscheidenden Sitzung kein Ergebnis hervor. Das Thema Fraktionsvorsitz wird erst einmal verschoben. Dafür halten die Piraten ihr erstes Wahlversprechen, transparent zu sein: Die Sitzung ist öffentlich.

KLINGELINGELING! BERICHT AUS DER JÜNGSTEN PARTEIZENTRALE DER REPUBLIK

Von Justus Bender

Die Parteizentrale der Berliner Piraten ist ein kleines Ladenbüro im Stadtteil Wedding. Auf dem hellen Parkett klebt der Schmutz von Wochen, in den Ecken tanzen Staubflocken. Täglich klingelt das Telefon von Stephan Urbach, Leiter der Bundesgeschäftsstelle, mindestens 60 Mal. Und jeden Tag will ihm mindestens die Hälfte dieser Anrufer irgendeinen Quatsch erzählen. Mittlerweile rollt Urbach nur noch mit den Augen, wenn der nächste Anruf kommt. Das Telefon wird dann in der Parteizentrale herumgereicht: Geh du ran. Nein, du. Nein, ich will nicht.

Hören wir doch mal rein in die Gespräche, wie Urbach sie erinnert:

Klingelingeling.

»Piratenpartei Deutschland, Sie sprechen mit Stephan Urbach, wie kann ich Ihnen helfen?«

»Ja, hören Sie? Ich habe den Verdacht, dass mein

Computer von diesem Staatstrojaner befallen ist, Sie wissen schon, der aus den Nachrichten. Ich bin wahrscheinlich in Gefahr, ich glaube, ich werde überwacht. Das ist kein Spaß, ich wurde schon einmal entführt, die haben mit mir eine Gehirnwäsche gemacht. Wenn ich auf die Straße gehe, folgen mir Flugobjekte, ich werde mit Mikrowellen bestrahlt. Das ist alles sehr kompliziert und niemand will mir helfen. Ich habe schon bei anderen Stellen angerufen. Wenn Sie mir auch nicht helfen, bringt mich der Geheimdienst um, bitte!«

(Leises Kichern auf Piratenseite.)

»Sie hätten wirklich nicht hier anrufen dürfen. Der Geheimdienst hört doch alles mit! Das kann jetzt böse für Sie enden!«

(Die Anruferin legt auf. Lautes Lachen auf Piratenseite.)

Manchmal sorgt sich Urbach, dass er mit solchen Scherzen einen paranoiden Schub bei den Anrufern auslösen könnte. Aber diese Sorge verfliegt meistens, wenn der nächste Anrufer wieder Quatsch erzählt. Klingelingeling.

»Piratenpartei Deutschland, Sie sprechen mit Stephan Urbach, wie kann ich Ihnen helfen?«

»Guten Tag, ich wollte Ihnen nur sagen, dass ich bei der Schleswig-Holstein-Wahl im Mai 2012 als Abgeordneter zur Verfügung stehe.«

(Kurze Pause bei Stephan Urbach.)

»Aha. Das ist natürlich ein unglaublich großzügiges Angebot von Ihnen. Sind Sie denn überhaupt Parteimitglied?«

»Nein.«

Auf Urbachs Schreibtisch liegt das Schreiben einer Frau an den Bundesvorsitzenden der Piraten. Der gab bereits die Anweisung, Post von »offensichtlich Verrückten« nicht mehr an ihn weiterzuleiten. Im Brief behauptet die Frau in dramatischen Worten, dass das BKA sie mundtot machen wolle. Ihr Hund sei bereits durch eine Injektion getötet worden. Außerdem würden alle Computer überwacht. Im Anhang fügt sie als Beweismaterial auch Kopien ihrer Schreiben an Staatsanwaltschaft und BKA bei. Der Brief landet im Reißwolf. In der Ecke neben Urbachs Schreibtisch steht bereits ein großer blauer Müllsack, voll mit geschredderten Verschwörungstheorien.

»Ich lache nicht jeden Spinner aus, der sich bei uns meldet. Bei manchen dieser Menschen steckt viel Leid dahinter. Echtes Leid. Das nimmt mich mit. Ich als Person oder wir als Partei können aber nichts gegen dieses Leid tun. Es ist nicht unser Job, Menschen direkt zu helfen. Wir sind nur eine Partei.« In solchen Fällen sucht Urbach im Internet schnell die Telefonnummer einer psychologischen Beratungsstelle heraus und fragt die Anrufer: »Kriegen Sie das hin, da anzurufen? Schaffen Sie das? Ich kann Ihnen nicht helfen! Ich möchte, aber ich kann nicht!«

Von Gregor Gysi ist das Bonmot überliefert, jede Partei bestehe zu zehn Prozent aus Verrückten. »Mindestens!«, sagt Stephan Urbach. Neulich trieb ihn die Verzweiflung zu einem ungewöhnlichen Schritt: Er rief bei Bekannten in den Zentralen der etablierten Parteien an und fragte, ob solche Anrufe normal seien. Die Bekannten im Konrad-Adenauer-Haus und Willy-Brandt-Haus mussten schmunzeln: Das sei doch Alltag in jeder Partei! Mit nur einem Unterschied: CDU/CSU, SPD, FDP, Grüne und Linkspartei beschäftigen professionelle Telefonisten, die Spinner gar nicht erst durchstellen. Die Piratenpartei beschäftigt dafür nur einen: Stephan Urbach. Und der hört den Anrufern immer erst einige Minuten zu, bevor er sie unterbricht. »Rufen Sie mal bei der CDU an und erzählen Sie, der Geheimdienst hätte Sie entführt. Die legen sofort auf.«

An guten Tagen könnte Urbach solche Telefonate als eine Art Ritterschlag in der deutschen Parteienlandschaft sehen. Die Anrufer zählen die Piraten-Nerds inzwischen offenbar zur politischen Klasse.

Neulich war bei Urbach eine alte Frau am Telefon, die mit brüchiger Stimme erzählte, sie sei von einem Betrüger, der sich an der Haustür als ihr Enkel ausgegeben hatte, ausgeraubt worden. Urbach sagte: »Was? Rufen Sie die Polizei an, nicht uns!« Aber die Frau sagte: »Nein, nein, bei der Polizei schäme ich mich, bei Ihnen nicht.« Die harmlosen Piraten, die im Fernsehen mit ihren Schlabbershirts, Laptops und Studentenfrisuren so sympathisch wirken, genießen Vertrauen bei den Bürgern, offenbar auch bei denen, die nicht verrückt sind.

Während Stephan Urbach von den Anrufern in der Parteizentrale erzählt, chattet er parallel mit Gesprächspartnern oder kommentiert Twitter-Nachrichten. Als wäre sein Kopf ein Internetbrowser im Multitasking-

Modus, in dem er zwischen verschiedenen Fenstern hin und her klickt. Nicht nur die Menschen, die ihn anrufen, sind mitunter verrückt, auch alles, was momentan passiert, die Aufmerksamkeit, der Hype, der Erfolg.

Noch vor Monaten war das Piratenbüro im Wedding nicht mehr als eine Klitsche. Jetzt sitzt im Nebenzimmer eine *Spiegel*-Redakteurin und interviewt den Parteichef. Der Berliner Landeschef, Andreas Baum, bekommt Anfragen von Fernsehsendern aus Japan. Alles scheint möglich, alles scheint zu gehen.

Stephan Urbach dreht sich eine Zigarette und tritt vor die Tür, um zu rauchen. Mit den Schwaden vertreibt er die für den Spätsommer typischen Stechmücken. Und vielleicht gibt es bald auch eine Lösung für die anderen Aufdringlichen, die digitalen Wutbürger und paranoiden Schizophreniker: Mit dem Geld aus der Wahlkampfkostenrückerstattung möchte Urbach Teilzeitkräfte anstellen – die unter anderem das Telefon bedienen. Entführungsopfer ausländischer Geheimdienste und Augenzeugen außerirdischer Flugobjekte müssen dann mit einer gewissen Schroffheit rechnen, wenn sie der Piratenpartei ihr Herz ausschütten wollen. Ein Grund mehr, die Gelegenheit zu nutzen, Herrn Urbach persönlich am Telefon zu haben, bevor er in wenigen Wochen abgelöst wird: 030/60 98 22 88 – 0.

REVOLUTIONSTAGEBUCH

Von Andrea Hanna Hünniger

»Wer ziemlich sicher weiß, dass ein Abenteuer passieren wird, sollte sich den Honig von der Nase streichen und sich so gut wie möglich herausputzen, damit er so aussieht, als wäre er zu allem bereit.«
(Pu der Bär)

Wollen wir über den Herbst reden. Das Jahr 2011 begann im September auch hierzulande interessant zu werden, als plötzlich eine seltsame Partei, die nach Fasching klingt, in Berlin die Fünf-Prozent-Hürde nicht nur knapp schaffte, sondern wie ein überbegabtes, bisher nur als Quengler in Erscheinung getretenes Kind die Klasse übersprang. In diesem Moment hatte man alles andere auf sonderbare Weise erst ernst nehmen können. Auf sonderbare Weise passte alles zusammen. Die Revolutionen in Libyen, in Ägypten schufen ein inneres Bedürfnis nach Aufstand. Vom Bürostuhl hatten wir uns live in die Revolution eingehakt, und obwohl es sicher sehr weit von uns weg war, waren wir Teil dieser sicher demokratischen Aufstände gegen das

Böse. Libyen, das war unsere eigene Vorrevolution. Revolution, das war das Klicken unseres Touchpads. Obgleich ich selbst noch mal nachschauen musste, wo das ist, dieses Libyen. Ach genau. Da unten. Ägypten kennt jeder. Alles unmenschlich da unten. Das haben wir ja immer gewusst, aber empfanden eine Revolution als nichts unbedingt Nachahmenswertes. Es musste zum Fleischer gegangen werden und aufgeräumt werden, das Wohnzimmer natürlich, nicht draußen, in den Banken oder so generell in unserer Welt. Aber jetzt passte alles zusammen. Offenbar hatten auch wir nun Gründe, ein Thema für Transparente. Lag doch plötzlich nicht mehr alles ganz klar auf der Hand. Da waren Sachen nicht in Ordnung. Internet, Banken, Integration, Staat im Allgemeinen, überhaupt alles roch fad, nach Ereignislosigkeit und ein bisschen abstraktem Unrecht. Die Ungerechtigkeit war wie ein Gewicht, das zog, wie ein Gegenstand, der im Weg rumstand, wie eine plötzlich hereinbrechende Hitze. Auf die habe ich gewartet, einen ganzen verfluchten, verregneten Sommer lang.

18. September 2011

Ich gehe nicht wählen. Nicht aus Boshaftigkeit. Ich bin nur total passiv. Ich sehe den Sinn nicht. Ich stelle mir einen Wähler so vor: Er wohnt in Westdeutschland, hat ein Haus und einen Garten, darin wachsen Rosen. Die werden beschnitten, dann wird der Kombi sauber gemacht. Nichts gegen Kombis. Nichts gegen Rosen. Nichts gegen Menschen. Aber so stelle ich mir das vor in Deutschland. Als eine Art Paradies. Liege bestimmt daneben. Und dann kommt eine Faschingspartei, die von ihren Kindern und Enkeln gewählt wird, die vielleicht jetzt das erste Mal wählen dürfen. Und mit dem neuen Polo hinfahren. Und der Name zieht bei diesen Kindern, bei uns. Denn wir sind die Kinder von Disneyland. Und da waren Piraten sehr ernst zu nehmen.

Trotzdem gehe ich nicht wählen. Ich war zu faul, in Berlin generell zu überfordert, eine verwinkelte Grundschule, in der meist gewählt wird, in einem Hinterhof zu finden. Ein politischer Mensch, würde ich sagen, bin ich nicht. Und verantwortungslos in dem Sinn, dass ich nicht verantwortlich gemacht werden will, wenn der Holocaust-Leugner der Piratenpartei oder Sahra Wagenknecht plötzlich an der Macht mitschrauben.

Im Anschluss planen wir den ein oder anderen Klingelstreich bei Politikern, deren Adresse man kennt. Das ist ja auch so komisch, dass jeder weiß, wo unsere Bundeskanzlerin wohnt, also gegenüber vom Pergamon, dass Gysi immer noch am Majakowskiring wohnt usw.

»Wenn du dir dann das Klingelschild anschaust, wirkt alles entsetzlich banal. Ich verlier da den Respekt, eigentlich müssten die ja schon standesgemäßer, also ihrer Position entsprechender leben, dass sich das irgendwo ausdrückt, Macht und Kompetenz.«

Jon sagt: »Ich kann nicht mehr, ich muss nach Hause«, und ich habe das Gefühl, auf grausame Weise um ein Vergnügen gebracht worden zu sein.

Wir laufen über die Torstraße. Es ist einer jener Sonntage, die diese Stadt extrem leer werden lassen. Wir suchen etwas zum Tanzen, ein Strohballen rollt über die Straße. »Quatsch«, sagt Jon, »das ist eine Katze.« Wir so, im Feierland, im Ibiza-Berlin. Wo sollen wir hin? Wir sind schon arg gebeutelt! Zieht alle weg aus Berlin. Hier ist nichts los. Zwei spanische Touristen irren ebenfalls über die Straße. Kein Auto fährt. Auch sie suchen. Wo ist dieses Berlin, das angekündigt wird wie auf der Rückseite eines neuen Buchs von Isabel Allende: »Eine elektrisierende Lektüre«. Hier jedenfalls nicht. Dann eben doch wieder Café Burger. Ich ziehe mir drei große blaue Flecken am linken Schienbein zu. Wohl gestürzt, es ist wohl fünf, es ist wohl Rauchverbot? Wir stehen wohl draußen. Lyrikabende werden geplant. Ich treffe einen, der hat ein Gedicht geschrieben: Raben im Herbst, heißt es. Es geht um Blätter. »Da schreit ein Rabe. Nein, keine Krähe. Es schreit ein richtiger Rabe.« Ich muss noch lange darüber nachdenken.

13. Oktober 2011

Im Frankfurter Hof wird man während der Buchmesse bewirtschaftet wie ein Denkmal. Es war so eine Nacht, sehr blau in Frankfurt und wir sind in den Hof hineingegangen, um uns hinten nahe dem Hofausgang ein Sofa und Leute zu suchen, die wir kennen. Auf dem Tisch steht Champagner. Süß. Von der Bar schnell geklaut, denn heute ist mein Geburtstag. Nicht ohne Stolz wird er geöffnet. Es knallt. Der Diebstahl wurde beobachtet, und der Kellner kommt. N. zieht ihr Zigarettenetui aus der Manteltasche. Da sind vorgedrehte Zigaretten drin. Der Kellner ermahnt uns wegen des Rauchens und umkreist uns, wie man Denkmäler umkreist. Er scheint sehr nett und offensichtlich sehr angekotzt von uns, was ich verstehen kann, denn von seiner Seite aus betrachtet sind wir Hätschelkinder, die aufgrund erhöhter Alkoholzufuhr, also befremdlich teuren Champagners, Blumentöpfe umstoßen und rauchen und dann über alles grundlos laut lachen.

Am nächsten Morgen, also Mittag, extrem geschwollene Augen. Lese ein Interview mit Eugen Ruge, der den Buchpreis bekommen hat. Frager: Worauf können Sie verzichten? Ruge: Auf politische Parteien.

Auf der Rolltreppe nach unten Richtung Halle 3.0 der Buchmesse sehe ich auf der anderen Seite Jon nach oben fahren. Er winkt. Ich winke zurück und versuche, die Geschwindigkeit der herabfahrenden Stufen mit den Beinen und roher Gewalt gegen das Volk zu überwinden und nach oben zu rennen. Geistergeher. Es sieht lächerlich aus. Weiterfahren und die richtige Treppe wieder nach oben nehmen. Er nimmt die Rolltreppe parallel nach unten. Von oben rufe ich ihn an und gestikuliere im Gespräch, dass ich runterkomme und er da bleiben soll, wo er ist, weil jetzt Demo in Frankfurt ist. Die Occupy-Bewegung, deren Namen ich schreiben kann, aber gar nicht weiß, was der Name bedeutet, was egal ist, weil Mitmachen richtig zu sein scheint. Am Anfang jedenfalls. Wie der Anfang jeder Revolution richtig und gut zu sein scheint. Rein. Wie das mal neulich ein Politiker ausdrückte, als er von der »Reinheit der Bewegung« sprach, was wiederum, wenn ein Politiker von »Reinheit« spricht, sofort Distanz und Angstgefühlen der »Bewegung« gegenüber auslöst.

Auf der Straße im Frankfurter Bankenviertel, das sich durch Döner und Pizzaläden auszeichnet, ist keiner zu finden, nicht mal ein Banker, da ist dann nur dieses große Euro-Zeichen aus Plastik. Immerhin leuchtet es, jetzt, im beginnenden Zwielicht, in der Twilight-Zone, blaue Stunde in Frankfurt. Spontane Erschöpfung.

»Entschuldigung, wissen Sie, wo die Anti-Banken-Szene zu finden ist?« Ältere Dame drückt Angst und Unverständnis für unsere Erscheinung bzw. Frage aus, indem sie schweigt und die Achseln und die an ihren Händen baumelnden, jeweils schwer bestückten Einkaufstüten gen Himmel zieht.

Jon war meine Trophäe und ich seine. Er ist klug, arrogant und in vielen Momenten sentimental. Und da standen wir jetzt in der Wallstreet, also in Frankfurt, und es hätte auch der Broadway sein können. Um uns herum waren Leute, die jung (wir) und gut aussahen (auch wir). Mir ist so, als kennte ich einen aus dem Fernsehen. Da ist was von Nachrichtensprecher in seiner Frisur, ich kann es nicht genau erklären. Mir ist das schon oft so gegangen, dass ich mit einem rede, und dann sagt der: »Ich heiß Wickert, Uli« und da kam's mir erst. Die Leute aus dem Fernsehen sind auf der Straße gar nicht so einfach wiederzuerkennen. Und einer zum Beispiel, der sah genauso aus wie Harry Rowohlt, und weil ich den so verehre, habe ich ihn gefragt, ob er Harry Rowohlt ist, aber er war's nicht. Er war vom Friedenschor. Was Kirchliches.

Zelte waren aufgebaut. Und Transparente, also braune Pappen hingen an den Zelten, auf denen »Wir sind die 99 %« draufgekritzelt wurde. Es war dadurch ziemlich bunt geworden, aber das Wetter schlecht, weshalb sich die Demonstranten nach und nach in Zelte zurückgezogen hatten. Es wurde dadurch auch recht gemütlich. Eine fast familiäre Demo. Nicht so überlaufen.

21. Oktober 2011

10.32: Gaddafi ist tot. Mehr steht nicht in der SMS. Es fühlt sich zu mittelalterlich an, als dass man sich darüber wirklich freuen könnte. Im Netto überkommt mich beim Anblick der BILD-Zeitung ein spontaner Kotzreiz.

Datum vergessen, Ende Oktober 2011

»Ich wollt's dir eigentlich nicht beim Pinkeln sagen, aber ich find's prima, dass du dabei bist.« Neukölln. Kinski. Die Bar, in der sich die Piratenpartei zum Stammtisch verabredet. Es sind alle Parlamentsmitglieder da und viele, die mal gucken wollen. Wie ich. So eine neue erfolgreiche Partei zieht alles Übriggebliebene an. Von links und rechts ziehen zwei verschiedene Parfums heran. In einer Sofaecke wird über bedingungsloses Grundeinkommen diskutiert. Hier sind aber alle einer Meinung bzw. enthaltsam, weil man das selbst alles noch nicht durchgerechnet habe, was aber nächste Woche unbedingt in Angriff genommen werden sollte. Jemand schreibt einen To-Do-Zettel.

Im Gang diskutieren zwei Jungs über die Problematik eines Führers. Es wird nicht geraucht während des Stammtisches, obwohl das Kinski kein rauchfeindlicher Ort ist. Ich kann den Weichspüler riechen, dessen Duftnote »Bergfrühling« von ihren Pullovern ausgeht. Und, dass nun die große Revolte stattzufinden hat.

Ich habe ihm Blauäugigkeit vorgeworfen und das natürlich auch aus Neid getan. Weil sie bei einer Sache dabei sind. Und ich müsste eben gleich gehen. August, so heißt der Dunkelhaarige, kommt aus einer Künstlerfamilie, den Nachnamen kenne ich nicht, später googeln, Maik ist der einzige Sohn einer alleinerziehenden Kinder- und Jugendpsychologin.

August: »Es ist historisch erwiesen, dass jede Revolution …«

Maik: »Nein, das beweist doch nur die Genialität unserer Zeit, dass wir überhaupt nicht historisch sind.«

August: »Entschuldige, aber darf ich dich bitten, das ist mir vorhin auf dem Sofa bei dem Grundeinkommen schon aufgefallen, dass du mir gern ins Wort fällst. Das empfinde ich als ganz störend.«

Maik: »Na gut.«

Ich: »Seid ihr zusammen?«
Maik: »Nein.«
August fragt Maik: »Bist du bei der Revolution eingegangen auf das psychologische Problem der Schuld? Oder wie Camus einwendet: Mit dem Geist, der säubert, soll dann das Neue gebaut werden. Also auf die sehr persönliche Frage, gefällt einem die Welt, wie sie ist, dergestalt nicht, dass man keine Angst vor der Schuld hat?«

Auf dem Weg muss ich an der Straße anhalten, weil sich eine lange Limousine in die Adalbertstraße gestellt hat, vor der ein offenbar gerade vermähltes Pärchen tanzt. Türkische Männer tanzen, indem sie die Arme ausbreiten. Eine Schönheit geht von ihnen aus, die mich sehr zufrieden macht. Es kommen Leute und filmen die beiden mit dem iPad und dem iPhone. Feel like a japanese tourist. Or a german.

III. ÜBER PIRATEN

ÜBER DIE DNA DER PIRATENPARTEI

Von Klaus Raab

Wenn die Piratenpartei als »neue FDP« oder als Nachfolgerin der Grünen bezeichnet wird, und beides geschah speziell im Herbst 2011 oft, dann muss man erst einmal sagen: Das stimmt so nicht. Beides ist zu ordnungswütig, zu einbahnstraßenhaft gedacht.

In dieser Logik könnte man auch sagen, die Piraten seien die neue Linke – speziell mit der Linken gibt es in diversen Sachfragen Überschneidungen. Man könnte sie ebenso mit der Union vergleichen, denn der Bundesvorsitzende Sebastian Nerz war früher CDU-Mitglied. Und es wird sich auch jemand finden, der vor allem Ähnlichkeiten mit der SPD entdeckt, schon weil sich die Piratenpartei Willy Brandts Slogan »Mehr Demokratie wagen« angeeignet und weil Nerz das Wort von der »sozialliberalen Grundrechtspartei« geprägt hat und beide Parteien demnach irgendwas mit sozial sind.

Es ist vielmehr so, dass die Piraten quasi Links setzen: Ihr politisches Denken hat eine Geschichte – aber es ist sinnvoller, sich ihr in der Metapher des Netzes zu nähern, das in viele Richtungen ausgebreitet ist, als eine lineare Nachfolge zu unterstellen. Wenn Piratenvertreter sagen, die Ordnung in rechts und links sei überkommen, ist demnach auch nicht gemeint, dass es für sie keine Positionen mehr gäbe, die in einer linken oder einer rechten Tradition stünden; gemeint ist, dass sich ihre Antworten nicht aus der Befolgung einer Lehre ergeben. Hinter der Ablehnung der Links-Rechts-Geografie steht die Infragestellung jeglicher Dogmatik.

Gemeinsamkeiten mit und Unterschiede zu den – im Piratenjargon – Etablierten aufzuzeigen ist trotzdem zulässig, schon weil man eine junge Partei, zumal eine, die in Parlamente drängt und sich irgendwie zu den anderen verhalten muss, dann besser versteht. Und tatsächlich fallen dann, vor allen anderen, die Links zu den Grünen und zur FDP auf.

Henning Bartels hat in seinem Buch *Die Piratenpartei. Entstehung, Forderungen und Perspektiven der Bewegung* bereits zur Bundestagswahl 2009 den Abgleich mit allen im Bundesparlament vertretenen Parteien gewagt. Sein Ergebnis damals, in Kürze: Es gebe keine Übereinstimmung mit der CDU/CSU. Teilweise Übereinstimmung mit der Linkspartei und der netzpolitisch eher linienlosen SPD. Die »Piratenquote« der Grünen liege bei 85 Prozent; dass sie zusammenfänden, sei auf längere Sicht nicht ausgeschlossen. Und die der FDP bei 20 (aber »gefühlten 50«) Prozent.

Die Vergleichbarkeit mit den Grünen beginnt beim Versuch der Neukartierung der parteipolitischen Landschaft, wobei man weniger an die Kretschmann-Grünen von heute denken sollte als an die Strickpulli-Grünen von etwa 1979 bis 1981, die damals erstmals in Landesparlamente einzogen – wie die Piraten 2011. Die Grünen und ihre Klientel haben das Nachdenken über die Welt um die Sphäre erweitert, die wir Umwelt nennen. Die Piratenpartei und ihre Klientel erweitern das Nachdenken über die Welt um die digitale Sphäre. Erstere hatten damit zwar einen konservativen Kern (den Erhalt der Welt auch wider den technischen Fortschritt), während die zweiteren einen progressiven Kern haben (die Angleichung der Welt an den unumkehrbaren technischen Fortschritt), dennoch fallen vornehmlich Entwicklungsgemeinsamkeiten auf.

Beide Parteien entstanden etwa aus fragmentierten Bewegungen, die einen gesellschaftlichen Wandel vorantrieben und -treiben. Hier war es der Aufbruch der 68er, dort die digitale Revolution – die beide auch zahlreiche Gegner auf den Plan riefen, die zum Teil ganz ähnliche Argumente benutzten: Die Abneigung gegen die vermeintliche Ungewaschenheit und Langhaarigkeit sowohl der 68er als auch der Nerds ist das dümmste unter ihnen.

Beiden Parteien gemein ist auch die Idee der Sprengung der vertikalen Hierarchie. Die Grünen verfolgten sie mit Doppelspitzen, Frauenquote und parteiinterner Basisdemokratie; die Piraten verfolgen sie mit der Abneigung gegen Hinterzimmerpolitik, also durch ihre zentrale Transparenzforderung, und durch die Entwicklung, Organisation und Gewichtung von Ideen in digitalen Kollaborationssystemen. Alle Entscheidungen gehen so von der Basis aus, die als Gemeinschaft der Einzelnen Richtung und Programm bestimmt. Der Unterschied zu den Grünen ist, dass die Piraten Machtverschiebungen von oben nach unten nicht alternativ vorleben müssen, sondern sich auf technologische Innovationen – das Internet – berufen können, die diese Verschiebungen gesamtgesellschaftlich greifbar machen. Das macht die basisdemokratische Neuordnung vorerst zu ihrem wichtigsten Alleinstellungsmerkmal.

Und schließlich ist die politische Kultur der Grünen auch ganz direkt in die DNA der Piratenpartei eingegangen. Viele aktive Piratensympathisanten haben eine persönliche Geschichte mit den Grünen – in ihren Elternhäusern. Das ist zunächst nur ein medial vermittelter Eindruck. Die Einschätzung liegt aber in der Tat nahe, dass die Piratenpartei besonders für grünentypisch eher besser gebildete, mit allen Posts- (von Postmoderne über Postideologie bis Postbriefeschreiben) vertraute junge Leute anschlussfähig ist, die nach dem Ende der Blockstaaten sozialisiert wurden und die nun nicht die frontale Konfrontation mit dem Denken der Elterngeneration suchen, es aber doch erneuern wollen.

Der Vergleich der Piraten mit der FDP ruht auf zwei Säulen: dem Einsatz für Bürgerrechte, den wieder zu intensivieren mancher aus der FDP nach dem jüngsten Erfolg der Piraten vorschlug, und der Ablehnung regulierender Eingriffe des Staats. Vorratsdatenspeicherung und Netzsperren lehnen etwa beide ab.

Vor allem aber gibt es zahlreiche Unterschiede in den Programmen. Bereits die Notwendigkeit einer Umwälzung des Urheberrechts – die ja zentral für die Gründung der ersten Piratenpartei in Schweden war – schätzen die Parteien sehr unterschiedlich ein. Nicht nur in diesem Punkt präsentiert sich die FDP als wirtschaftshörige Partei.

Bei der Berlin-Wahl wollte sie mit Europaskepsis punkten; als Partei der Freiheit *von* den Problemen der anderen. Der Freiheitsbegriff der (Berliner) Piraten, wie er sich Ende 2011 darstellt, ist dagegen ein weitgehend positiver: Es geht ihnen um die Freiheit *für* etwas. Ein zentrales Konzept ist, worauf der Netzdenker Michael Seemann in seinem Blog ctrl-verlust.net hinwies, die Diskriminierungsfreiheit, die als Forderung in vielen konkreten Piratenvorschlägen steckt: »Infrastrukturen, die Zugang und Teilhabe ermöglichen, müssen gestärkt und ausgebaut werden und gehören diskriminierungsfrei allen angeboten«. Das eint die Forderungen in den Bereichen Bildung, Nahverkehr, Wahlrecht und Netzpolitik – etwa nach der fahrscheinlosen Nutzung des öffentlichen Nahverkehrs, nach einem diskriminierungsfreien Zugang zu Bildung (ohne Studiengebühren) und Information (durch flächendeckendes WLAN), nach dem Schutz der freien Rede, nach einem würdigen Leben für alle, was die Forderung nach einem Bedingungslosen Grundeinkommen erklärt, oder nach der Freiheit, sich selbst für eine Religion zu entscheiden (oder auch nicht), wovon wiederum der Gedanke der Trennung von Staat und Kirche zeugt.

All diese Forderungen seien allerdings, wie etwa der Publizist Alan Posener in einer Fernsehdiskussion kritisierte, typisch für Studenten – für eine kleine gesellschaftliche Gruppe also, die zwar die gesamte Gesellschaft in den Blick zu nehmen vorgibt, die aber unter keiner ihrer Forderungen selbst zu leiden hätte. Nach dem Motto: Umverteilung ist, wenn die Gesellschaft die eigene Freiheit bezahlt. (Bei der FDP ist Umverteilung anno 2011 eher verpönt, aber auch sie argumentiert dabei mit dem hohen Stellenwert der individuellen Freiheit: Niemand soll die Gesellschaft mit der eigenen Freiheit bezahlen müssen.) Eine überzeugende Widerlegung steht seitens der Piraten in der Tat aus.

Sucht man jenseits der aktuellen Wahlprogramme nach Vergleichbarkeiten mit der FDP, ist man übrigens schnell wieder bei den 68ern – insofern, als der Cyberlibertarismus, in dem die Piraten verwurzelt sind, wiederum seine Vorgeschichte bei deren Erben hat. Dass das Internet von Hippies erfunden wurde, ist eine Legende; nicht aber, dass zu den freien Lebensformen, die Mitglieder der US-Studentenbewegung erprobten, auch der Glaube an die Selbstermächtigung des Individuums durch Technik gehörte. Aus ihm leitete sich eine Staatsskepsis ab, die sich auch bei den Piraten findet: in der Ablehnung einer staatlichen Regulierung des Netzes.

Die »Unabhängigkeitserklärung des Cyberspace«, die John Perry Barlow – Songschreiber der 1965 gegründeten Band *Grateful Dead* und Mitgründer der US-amerikanischen Netzbürgerlobbyorganisation Electronic Frontier Foundation – 1996 als Reaktion auf Zensurmaßnahmen der Clinton-Regierung verfasst hat, gehört zu den Basistexten der internationalen Piratenbewegung. Sie beginnt: »Regierungen der industriellen Welt, Ihr müden Giganten aus Fleisch und Stahl, ich komme aus dem Cyberspace, der neuen Heimat des Geistes. Im Namen der Zukunft bitte ich Euch, Vertreter einer vergangenen Zeit: Lasst uns in Ruhe!«

Von der Ablehnung staatlicher Eingriffe ins Internet ist es allerdings nicht weit zur Ablehnung jeglicher Regulierung des freien Markts. Die ist Teil der »kalifornischen Ideologie« der Befreiung des Individuums durch Technik, mit deren Vertretern – Apple-Gründer Steve Jobs sei beispielhaft genannt – die Piraten zumindest bereits den »tiefreichenden Glauben an das emanzipatorische Potential der neuen Informationstechnologien« teilen. Eine Bürgerrechtspartei, der es um die Verhinderung staatlicher Zugriffsmöglichkeiten geht, etwa im Rahmen der Vorratsdatenspeicherung, kann ohne größere Verrenkungen eine Lobbypartei im Dienst der freien Wirtschaft werden; das ist die Kernaussage des oft gezogenen FDP-Vergleichs. Daraus abzuleiten, dass die Piratenpartei die Route der FDP einfach kopiert, wäre, wie gesagt, ein Kurzschluss. Eine lineare Nachfolge gibt es nicht. Die Links aber kann man setzen.

DAS NETZ ALS PROGRAMM

DIE ALTPARTEIEN KÖNNEN DEN ERFOLG DER PIRATEN NICHT VERSTEHEN. UND LIEFERN ERSCHÜTTERNDE EINBLICKE IN DEN ZUSTAND DES POLITISCHEN SYSTEMS

Von Harald Staun

Wenn sie gewusst hätten, wer den Piraten alles zu ihrem Erfolg gratuliert, womöglich hätten sich es viele ihrer Wähler doch anders überlegt. In den Wochen nach dem spektakulären Einzug ins Berliner Abgeordnetenhaus schien sich nahezu das komplette Talkshowpersonal der Republik zu freuen, über die Ohrfeige, die 120 000 Wähler an die etablierten Parteien verteilt hatten – inklusive der Politiker der etablierten Parteien. Noch am Wahlabend stritten sich die Berufspolterer Michel Friedman und Hajo Schumacher auf N24 um den Posten des Piraten-Pressesprechers und priesen unsere »lebendige Demokratie«. Als Piratenkandidat Christopher Lauer am Mittwoch nach der Wahl bei »Anne Will« zu Gast war, konnte er sich vor Umarmungsversuchen kaum retten. Der CDU-Bundestagsabgeordnete Peter Altmaier zog seinen Hut und gab offenherzig zu, die

Piraten hätten »als Erste verstanden, dass das Internet eine richtige Revolution ist«, die ehemalige Helmut-Kohl-Beraterin Gertrud Höhler verteidigte die Newcomer gegen das Label »Protestpartei« und hielt ihre Politik für eine »Aufforderung an die Gesellschaft im Ganzen, wieder mit mehr Optimismus und mit mehr Visionen an die Zukunft der eigenen Gesellschaft zu gehen«, und selbst die Grüne Bärbel Höhn brachte ein zerknirschtes »finde ich gut« heraus. Es war in diesen Tagen nicht einfach, jemanden zu finden, dem der »frische Wind«, der »unkonventionelle Ansatz« oder die Normalität der Parteimitglieder nicht sympathisch war.

Kaum einem der unverhofften Fans gelang es dabei, sich väterliche Ratschläge und Warnungen zu verkneifen, von denen man manchmal wirklich nicht wusste, ob sie auf Unterstützung oder Schwächung der Piratenpartei abzielten: darauf, den Dilettantismus der Piraten zu erhalten oder so bald wie möglich ihre Transformation in eine weniger schillernde, »professionelle« Partei zu erleben. Manchmal war es auch einfach nur die reine Verzweiflung, wie etwa der Auftritt des ausgedienten Regierenden Bürgermeisters Eberhard Diepgen, der den Piraten in einer Talkshow dringend empfahl, das Problem ihres Frauenmangels in den Griff zu bekommen. Was sie alles noch zu lernen hätten, das konnte die abgewatschte politische Klasse den Novizen noch mit der Arroganz erklären, welche sie gerade ihre Stimmen gekostet hatte.

Noch im vergifteten Lob der Naivität erkannte man den schrecklichen Zustand der Parteipolitik. Es war schwer zu entscheiden, welche der Offenbarungen dabei beunruhigender war: Die abgeklärten Hinweise auf die Undurchsetzbarkeit und Unfinanzierbarkeit des Wahlprogramms, welches ja gerade auszeichnete, dass es die herrschenden Engstirnigkeiten konsequent ignorierte. Wobei die Originalität der Piraten nicht darin bestand, Versprechen abzugeben, die nach dem Wahlkampf niemanden mehr interessieren: Darin hatten sicher die anderen Parteien mehr Erfahrung. Nur war halt dort, wo diese ihre Positionen nach Kalkül und Zielgruppenforschung ausrichten, bei den Politikanfängern doch so etwas wie Idealismus und politischer Wille zu spüren. Oder die Prophezeiung, die parlamentarische Tagesarbeit werde die Piraten schon schnell auf den Boden der sogenannten Tatsachen zurückholen, welcher, so klang es jedenfalls, offensichtlich aus politischen Tugenden wie Lobbyismus, Kompromissen und Absprachen besteht. Wie es aber aussieht, in der hermetischen Welt der Parlamente, wie unerreichbar sie ganz offensichtlich ist, für alles, was auch nur entfernt nach einem Geist der Zeit aussieht, das demonstrierte beispielhaft der Berliner SPD-Chef Michael Müller, der meinte, die jungen Wähler der Piratenpartei hielten sie für eine »schicke, hippe Alternative«. Leider verriet er nicht, in welchem Berliner Club der Hausmeister-Style der Piraten gerade angesagt ist: Die 120 000 Wähler der Piraten jedenfalls lassen sich offensichtlich lieber von Mechatronikern in Latzhosen vertreten, als von Leuten, die einen solchen Auftritt für cool halten.

Am Ende spielte es kaum noch eine Rolle, ob es

nur Selbstgefälligkeit war, die aus den Kommentaren sprach, oder schon Resignation. Oder ganz einfach Blindheit für die eigene Gefangenheit in einer Kultur des Sachzwangs und des geringsten Widerstands, die so ein Berufspolitiker längst als naturgegeben akzeptiert. »Genießen Sie diese Zeit!«, empfahl eine wehmütige Bärbel Höhn ihrem Kollegen Lauer, als wären Hoffnung, Witz und Leidenschaft gesetzlich nur parlamentarischen Anfängern erlaubt. Als allgemeines Prinzip für all die Nettigkeiten, die sich die Piraten anhören mussten, kann dabei ein Satz von Peter Altmaier gelten: »Ich fürchte«, warnte er Höhn, als sie bei »Anne Will« versuchte, die Internetkompetenz ihrer eigenen Partei herauszustellen, welche sie gerade mit dem Satz »Ich gucke auch Internet« nachhaltig ruiniert hatte, »Ich fürchte, je länger Sie reden, desto mehr Prozente werden Sie an die Piraten verlieren.«

Dass die überrumpelten Altparteien in ihrer Verzweiflung den Erfolg der Piraten gerne auf deren technisches Know-how reduzieren, ist ein beliebtes Missverständnis, das auch nicht viel mehr Einsicht in die Bedeutung der digitalen Kultur verrät als die lange Zeit mit Stolz praktizierte Ignoranz. »Ich habe Gott sei Dank Leute, die für mich das Internet bedienen«: so klang noch vor ein paar Jahren der Offenbarungseid des ehemaligen Bundesministers für Wirtschaft und Technologie, Michael Glos. Heute dagegen beginnt sich die Illusion durchzusetzen, man könne sich, wozu auch immer, ins Politikverständnis einer neuen Generation einklinken, indem man sich bei Twitter anmeldet.

Wäre doch gelacht, wenn man die Zaubertricks der Piraten nicht selbst erlernen könnte.

Die Fehleinschätzung der Attraktivität der Piraten gipfelt dabei im Begriff der »Netzkompetenz«, unter der sich die Schreibmaschinengeneration der Politiker offensichtlich eine Art intellektuelle Daddelkunst vorstellt, eine zeitgenössische Zusatzqualifikation, die man bisher glaubte, vernachlässigen zu können. Aus diesem Missverständnis erklärt sich auch die Verwunderung, dass die Piraten es geschafft haben, mit »nur einem einzigen Thema« so viele Wähler anzuziehen. Nur handelt es sich eben bei der Netzkompetenz keinesfalls um irgendein marginales Spezialinteresse, wie es der Begriff unterstellt. Sondern eher um den etwas unglamourösen Code für ein Weltbild, mit dem all jene etwas anfangen können, für die eben das Internet immer mehr war als ein Instrument, ein Werkzeug, eine Maschine, die man auch von anderen bedienen lassen kann.

Was sich dabei hinter so technisch anmutenden Themen wie »Netzneutralität« oder »Informationelle Selbstbestimmung« verbirgt, ist eine liberale Grundhaltung, die offensichtlich in den digitalen Biotopen besser gedieh als in den Bunkern traditioneller Parteipolitik. Die Piratenpartei als institutioneller Ausdruck dieses Geistes ist das Experiment, wie sich diese durchaus diffuse Gesinnung auf die Gestaltung klassischer Politikfelder anwenden lässt, und ob die Netzsozialisation überhaupt die Basis für gemeinsame Positionen in anderen Bereichen sein kann. Ihr größter Konsens ist derjenige über die Verfahren und Rahmenbedingungen demokratischer Systeme, welche der Überzeugung folgt, dass auch politische Programme nur ausspucken können, was Hard- und Software ihnen ermöglichen: dass also auch politische Ergebnisse davon abhängen, mit welchem Betriebssystem sie ermittelt werden.

Inkompetent sind die Piraten dabei vor allem in Bezug auf jene politischen Praktiken, die erfolgreich dazu beitragen, das politische System vor der Partizipation der Bürger zu schützen. Verständlicherweise können Menschen, deren Wahrheitsbegriff sich aus einer nach Quellcodes süchtigen Hacker-Ethik ableitet, nicht besonders viel mit intransparenten Funktionsweisen und proprietären Codes anfangen. Die Sorge aber, dass die Piraten mit den drögen Hausaufgaben der politischen Arbeit nicht klarkommen werden, ist relativ unberechtigt: Mit den Herausforderungen technokratischer Tücken haben sie vermutlich mindestens so viel Erfahrung wie mit den Schwierigkeiten politischer Meinungsbildungsprozesse: Wer einmal ein Blog verantwortet oder ein Online-Forum moderiert hat, weiß schon ganz gut, wie end- und ergebnislose Diskussionen funktionieren.

Trotz allem überrascht, wie viele Wähler plötzlich ihr Vertrauen in jene Politiker verloren haben, die es bisher ja ganz gut beherrschten, Politik als eine Art Dienstleistung zu verkaufen, bei der die Einmischung von Laien eher kontraproduktiv wirkt. Wollen wirklich auf einmal alle mitmachen und so, wie es mittlerweile viele mit ihrem Fernsehprogramm tun, auch das Programm der Politik selbst gestalten?

Für die aktiven Mitglieder der Piratenpartei mag die Idee der Partizipation mehr als nur eine Parole sein. Deren Wähler wollen sich vermutlich ganz altmodisch repräsentieren lassen (sonst könnten sie sich ja auch einfach einer der aktuellen Wutbürgerinitiativen anschließen), von Menschen allerdings, mit deren Leidenschaft sie sich identifizieren können. »Hoffnungswähler« nennt Lauer diese Bürger, und am Ende stimmt es schon, was er von seinen Gesprächen im Straßenwahlkampf berichtet: dass es sich bei der Stimmung in der Bevölkerung weniger um Protest als um Verzweiflung handelt. Wenn man Politikern schon beim Scheitern zuschauen muss, dann vielleicht lieber dem lustigen Softwareentwickler von nebenan als jenen Akteuren, die sich als Experten ausgeben. Und was ist eigentlich so unberuhigend an der Tatsache, dass Qualitäten wie Experimentierfreude und ein gewisses Bewusstsein für zeitgemäße Kultur zur Bedingung für politische Verantwortung werden?

Ende Oktober reiste eine Delegation der Berliner Piratenpartei zu ihrem internationalen Antrittsbesuch nach Island. In Reykjavík hatten die Bürger schon im vergangenen Jahr entschieden, dass sie nichts mehr zu verlieren hatten. Weshalb sie, statt der Clowns, die vorher regierten, den Komiker Jón Gnarr zum Bürgermeister wählten. Im Vergleich zu Gnarr, dessen »Beste Partei« gerne als Spaßpartei beschrieben wird, sind die Piraten dröge Realpolitiker. Die Gründe für den Erfolg aber und die Antipathien für fossile Politikmuster sind ähnlich. Gemeinsam unterzeichnen Gnarr und die Piraten eine »Declaration on Nothing«, eine Reminiszenz an eine feierliche Erklärung, die Ronald Reagan und Michail Gorbatschow 1986 nach einem ergebnislosen Treffen unterzeichneten. Besser ließ sich der Vorwurf der Inhaltsleere kaum auskontern, der den Piraten gern gemacht wird.

»Ich denke«, sagte Gnarr vor Kurzem in einem Interview, »wir können nicht wirklich etwas ändern, bis der Kapitalismus zusammenbricht. Bis dahin können wir genauso gut ein bisschen herumspielen.«

»NOTHING LEFT TO LOSE« – DIE PIRATEN SIND KEINE INTERNETPARTEI. SIE SIND EINE FREIHEITSPARTEI

Von Juli Zeh

Bei »Anne Will« sitzt ein junger Mann zwischen fünf Damen und Herren, die allesamt seine Eltern sein könnten. Alle außer ihm sind Polit- und Talk-Profis. Er ist jung und unverbraucht und der Mittelpunkt der Runde. Es geht um Netzpolitik. Bärbel Höhn von den Grünen: »Ich gucke jetzt mal Internet, und ich verstehe …« Sofort unterbricht sie der junge Mann. »Genau das ist das Problem«, lacht er, »Sie *gucken* Internet, Sie *benutzen* es nicht.« Bärbel Höhn beginnt sich zu rechtfertigen, auch bei den Grünen werde getwittert, bis Peter Altmaier von der CDU sie unterbricht: »Liebe Frau Höhn, je länger Sie reden, desto mehr Prozente werden Sie an die Piraten verlieren.«

Spiel, Satz und Sieg für Christopher Lauer. Er gehört zu jenen fünfzehn Abgeordneten, die im September für die Piratenpartei in den Berliner Senat eingezogen sind. Seitdem arbeiten sich die herkömmlichen Medien an dem Phänomen ab, als sei ein zweiter Mond auf der Umlaufbahn der Erde aufgetaucht. Der Tenor schwankt zwischen Unglauben und Ablehnung.

Eine »Spaßpartei« (*Handelsblatt*) sei das doch, eine chaotische Truppe (*Tageszeitung*) ohne echtes Programm (*Zeit Magazin*), deren Anhänger vor allem kostenfrei Musik im Internet downloaden wollten (*Frankfurter Rundschau*). Überhaupt lasse sich der Erfolg der Piraten nur als Protestwahl (*Die Welt*) erklären.

Was hier waltet, ist nicht allein das Bemühen, etablierte Besitzstände gegen Neuankömmlinge zu verteidigen. Es handelt sich um echtes, gewissermaßen naturgesetzliches Unverständnis. Man trifft es bei Generationenkonflikten an, wenn die eine Seite nicht in der Lage ist zu erkennen, worauf es der anderen Seite ankommt.

Die *taz* etwa geht davon aus, der aktuelle Erfolg der Piraten habe nichts mit einem »grundsätzlichen Wertekonflikt« zu tun – ganz anders als damals Gründung und Aufstieg der Grünen. In den achtziger Jahren habe das Aufkommen des Ökologie-Themas nämlich noch einen echten Umbruch im Denken markiert.

Diese Annahme spiegelt sich in vielen medialen Reaktionen: Den Grünen sei es immerhin noch um »etwas« gegangen, nämlich um die Umweltpolitik, während es den Piraten letztlich um nichts oder jedenfalls um nichts Substanzielles gehe. Bloß irgendwas mit diesem Internet.

Gerade ans Stichwort Internet knüpft sich das Missverständnis, welches der älteren Generation den Blick auf die wahre Stoßrichtung der Piratenpartei verstellt. Menschen, die sich schon vor zwanzig Jahren von ihren Kindern den Videorecorder programmieren ließen, reagieren heute gereizt, wenn viel Gewese um »dieses Internet« gemacht wird, in dem sie nicht mehr erkennen können als eine verbesserte Post- und Telefonanlage. Für etablierte Politiker galt es bis vor Kurzem noch als schick, öffentlich zu betonen, man drucke sich seine E-Mails aus. Seit dem Erfolg der Piraten in Berlin wird plötzlich eifrig darauf verwiesen, dass auch die eigene Partei nicht nur eine Homepage, sondern sogar echte »Netzpolitiker« besitze. Erst Ablehnung, dann Assimilation: beides Ausdruck einer allumfassenden Hilflosigkeit.

In Wahrheit eignet sich das Internet als solches überhaupt nicht zum Gegenstand von Politik. Es sind nicht die Piraten, die das nicht verstanden haben, sondern ihre Kritiker. Was genau soll »Netzpolitik« denn sein? Ein bisschen Streit um Urheberrechtsreform und Klarnamenpflicht? Das wäre in etwa so, als würden sich die Grünen ausschließlich für Mülltrennung und Dosenpfand interessieren. Birgit Rydlewski, Landesvorsitzende der Piraten in Nordrhein-Westfalen, formuliert es folgendermaßen: »Netzpolitik ist vor allem ein Schlagwort, von dem die alten Parteien neuerdings glauben, dass es Wähler bringt.«

Wer das Potenzial der Piratenpartei verstehen will, muss zunächst einsehen, dass »Internet« mehr bedeutet als ein technisches Hilfsmittel, für das man vielleicht ein paar geänderte Gesetze braucht. Es ist Geburtsort und Lebensraum der Kommunikationsgesellschaft und somit Chiffre für einen Epochenwandel, der eines Tages im Rückblick als ebenso einschneidend gelten wird wie die Erfindung von Zügen, Autos und Flugzeugen. Ein weiterer Schritt im Bemühen der Menschheit, Zeit und Raum zu überwinden.

Beim Überwinden von Grenzen geht es um Freiheit. Hier haben wir den Punkt, der offensichtlich so schwer zu vermitteln ist: Die Piraten sind keine Internet-, sondern eine Freiheitspartei. Ihr grundlegendes Anliegen besteht in einer Rückkehr zu humanistischen Prinzipien. Das Internet kann in diesem Zusammenhang als angewandte Metapher für ein zeitgenössisches Verständnis von Freiheit begriffen werden. Freiheit durch Gleichberechtigung, Freiheit durch Meinungsäußerung, Freiheit durch allgemeinen Zugang zu Bildung und Wissen. Freiheit durch die Erosion von Hierarchien und Autoritäten. Freiheit durch Teilhabe und Pluralismus. Durch den Abschied vom linearen Denken zugunsten eines kontextuellen Verständnisses von Wirklichkeit. Das meint Christopher Lauer, wenn er sagt: »Wir machen keine Politik für das Internet, sondern für eine durch das Internet veränderte Gesellschaft.«

Das Thema »Freiheit« wird derzeit von keiner anderen Partei des Spektrums bedient. Die FDP, deren Niedergang mit dem Aufstieg der Piraten zusammenfällt, ist in der öffentlichen Wahrnehmung längst zu einer reinen Wirtschaftspartei mutiert, weshalb der bürgerliche Liberalismus schon lange kein politisches Zuhause mehr besitzt. Die Piraten füllen diese Lücke. Sie sind die einzige deutsche Partei, die »Freiheit« nicht nur als idealistische Utopie oder ökonomisches Programm, sondern als ganz reales Organisationsprinzip behandelt.

Hier liegt die wahre Parallele zur Entstehungsgeschichte der Grünen: »Freiheit im Kommunikationszeitalter« ist genau wie »Umweltschutz im Industriezeitalter« ein Querschnittsthema. Es taucht in allen politischen Bereichen auf, weil es die grundlegende Verfasstheit einer Gesellschaft betrifft. Wie wollen wir leben? Was sind unsere Werte? Welches Menschenbild vertreten wir?

Wer Antworten auf solche Fragen sucht, zielt nicht auf eine politische Nische, sondern auf Veränderungen der Wirtschafts-, Arbeits-, Bildungs-, Familien-, Sozial- und Sicherheitspolitik. Seine Forderungen werden sich nicht an Sachzwängen, Kostengründen und anderen Alternativlosigkeiten orientieren, sondern zunächst einmal an der Grundüberzeugung.

Auch Sozialdemokratie, Konservatismus, Liberalismus waren oder sind Querschnittsthemen, die einst zur Gründung von Parteien führten. Nur haben diese Konzepte an Anschlussfähigkeit verloren. Dies muss gar nicht Schuld der jeweiligen Gruppierung sein, kein Zeichen von Profillosigkeit der viel gescholtenen Spitzenpolitiker. Es kann schlicht daher rühren, dass eine einst kämpferische Idee zum Allgemeingut avancierte.

Heute gibt es keine ernstzunehmende Partei mehr, die sich nicht zu Sozialdemokratie, freier Marktwirtschaft und Umweltschutz bekennt. Für die dahinter stehenden Parteien heißt es im Grunde *mission completed.* Aber Institutionen lösen sich bekanntlich nicht auf, nur weil sie ihre Ziele realisiert haben. Sie existieren weiter, teilen sich die Verwaltung des Konsens und sind nur noch in Einzelheiten unterschiedlicher Meinung. Der Sex-Appeal des Überzeugungskampfes ist ihnen verloren gegangen.

Ein neues Thema aber gebiert neue Überzeugungstäter. Die Piraten brauchen nichts weiter tun, als sich auf ihr Thema »Freiheit im 21. Jahrhundert« konzentrieren – es lässt sich auf ein politisches Programm herunterbrechen, das ihnen gute Chancen bei der nächsten Bundestagswahl eintragen dürfte.

Flatrates für den öffentlichen Nahverkehr, bedingungsloses Grundeinkommen, Legalisierung von Drogen, eine echte Trennung von Kirche und Staat, die Rückkehr zum Prinzip kostenfreier Bildung, das Respektieren von Freiheitsrechten auch in Zeiten des Anti-Terror-Kampfes, mehr Teilhabe am demokratischen Prozess – das alles sind Forderungen, die sich direkt aus einem humanistisch geprägten Freiheitsverständnis ergeben und die sich jetzt schon teilweise in Bundes- und Landesprogrammen der Piratenpartei finden.

Richtig spannend jedoch wird es werden, wenn die Piraten tatsächlich ihre politisch obdachlose Klientel entdecken. Wenn sie erkennen, worin der viel beschworene gesellschaftliche Wandel eigentlich besteht.

In Deutschland leben mittlerweile rund 2,5 Millionen sogenannter »Solo-Selbständiger«, also Freiberufler und Kleinunternehmer, die nicht über eigene Angestellte verfügen. Dazu gehören Künstler genauso wie freiberufliche Programmierer, Fliesenleger oder Friseure. Darüber hinaus arbeiten mittlerweile 40 Prozent der Berufstätigen in atypischen Beschäftigungsverhältnissen, befinden sich also in Lebenssituationen, die mit dem klassischen, unbefristeten Nine-to-Five-Job nichts mehr zu tun haben.

Parallel dazu haben sich die Familienstrukturen flexibilisiert. Jenseits der Vater-Mutter-Kind-Familie existieren Modelle in allen Schattierungen, von der berufstätigen Alleinerziehenden über die Mehrväterfamilie bis zum homosexuellen Paar mit Kind.

Aus dem Zusammentreffen von individueller Berufsplanung und individueller Familiengestaltung ergibt sich für wachsende Teile der Gesellschaft eine Situation, auf welche die etablierten Parteien keine Antworten mehr finden. Solo-Selbständige fallen durch die Maschen von Kranken- und Rentenversicherung und kämpfen Jahr für Jahr mit einem Steuersystem, das entweder auf Festangestellte mit geregeltem Einkommen oder auf Großunternehmer mit eigener Buchführungsabteilung zugeschnitten ist. Während das Problem fehlender Kinderbetreuung ebenso hinlänglich bekannt wie ungelöst ist, befindet sich eine echte Flexibilisierung der Arbeitswelt mit Job-Sharing, Vier-Tage-Woche oder einem lockeren Wechsel zwischen Büro und Home Office nach wie vor in nebliger Ferne.

An dieser Stelle entzündet sich der Generationenkonflikt, von dem meist angenommen wird, er existiere nicht mehr, nur weil Eltern und Kinder heutzutage die gleichen Turnschuhe tragen. Während jüngere Menschen die Grenzen zwischen Arbeit und Freizeit, Beruf und Familie, Büro und Wohnzimmer völlig neu definieren, vermögen gerade ältere Politiker im Wunsch nach freiheitlicher Lebensführung nur selbstverschuldetes Chaotentum (CDU) oder Ausdruck einer Notlage (SPD) zu sehen. Es scheint ihnen undenkbar, dass sich ein Soloselbständiger vernünftig und freiwillig für diese Lebensform entschieden haben soll. Dass er also seine Freiheit schätzt, obwohl sie das Leben komplizierter und unsicherer macht. Entsprechend lautet die arrogante wie utopische Antwort: Alle Mann zurück ins sozialversicherungspflichtige Standardbeschäftigungsverhältnis.

Welche der etablierten Parteien hat schon Lust, über eine echte Reform des Steuerrechts oder der desolaten Sozialversicherungssysteme nachzudenken? Lieber tut man so, als habe sich in den letzten Jahrzehnten nichts geändert. Und überlässt den Piraten auf diese Weise eine ungeheure Spielwiese.

Vielleicht haben die Piraten ihren Erfolg bei der Berlinwahl tatsächlich in erster Linie ihrem frischen Auftreten, ihrer Ehrlichkeit und Authentizität zu verdanken. Wer aus dem offen zur Schau getragenen Dilettantismus allerdings folgert, die neue Partei sei nicht ernst zu nehmen, unterschätzt den substanziellen Gehalt der schnoddrigen Haltung. Professioneller Dilettantismus ist ein Schutzwall gegen eine politische Welt, die unter Experten aufgeteilt wurde und den »normalen Bürger« im Namen von Effizienz und Alternativlosigkeit vom Geschehen ausschließt. Auch hier geht es um Freiheit, nämlich von den althergebrachten rhetorischen und prozeduralen Zwängen des politischen Tagesgeschäfts.

Ohne Zweifel: Die Piraten haben das Zeug dazu, die neue sozialliberale Partei Deutschlands zu werden. Ob das klappt, wird maßgeblich davon abhängen, inwieweit es ihnen gelingt, ihrem Kernthema überzeugende politische Forderungen zu entnehmen. Für den Anfang verfügen sie durch ihre besondere Kompetenz über ein brauchbares Startkapital. Wer weiß, wie Skype funktioniert, hat weniger Probleme, sich einen Heimarbeitsplatz vorzustellen. Wer Liquid Feedback versteht, wird nicht lang darüber grübeln, wie sich neue Wege der politischen Bürgerbeteiligung eröffnen lassen. Und so fort.

Christopher Lauer und Birgit Rydlewski sehen der Zukunft ihrer Partei jedenfalls gelassen entgegen. Die Piraten seien keine Karrieristen, sie wollten nicht um jeden Preis gewählt werden, also gebe es auch keinen Grund, sich zu verbiegen: »Wir haben nichts zu verlieren, und das ist unser Trumpf.«

Also: *Freedom's just another word for nothing left to lose.* Auch wenn Janis Joplin das etwas anders gemeint haben dürfte.

DER PIRATEN KERN. EINE SOFTWARE IST DAS WAHRE PROGRAMM DER PIRATEN – ABER DIE PARTEI WILL SIE NICHT NUTZEN

Von Marie Katharina Wagner

Als die Führung der Piratenpartei im Oktober zum ersten Mal vor die Bundespressekonferenz trat, fiel zuerst auf, dass sie sich unwohl fühlte; dann kam ein bemerkenswerter Satz. Die politische Geschäftsführerin Marina Weisband, eine von zwei Frauen im neuen Bundesvorstand, die dem Eindruck einer reinen Männerpartei entgegenzuwirken versuchen, erläuterte das große Ziel ihrer Partei so: Die Piraten wollten den Bürgern kein Programm anbieten, sondern ein Betriebssystem. Es solle die Menschen an Entscheidungen beteiligen, die Politik, die »irgendwo da oben« stattfinde, transparenter gestalten. Inhaltlichen Fragen wichen Weisband und der Bundesvorsitzende Nerz aus. Sie wirkten dabei gequält wie in einer mündlichen Prüfung.

Welches Betriebssystem die Antwort auf alle Fragen liefern soll, ist noch nicht entschieden. Im Moment nutzt die Partei eine Software namens »Liquid Feedback«. Sie ist in den vergangenen Monaten zum Kern der Partei geworden, zu ihrem eigentlichen Inhalt. Dabei hatte der Streit um sie die Piraten noch vor Kurzem an den Rand der Selbstvernichtung geführt: Der Bundesvorsitzende Sebastian Nerz hatte sich öffentlich gegen sie ausgesprochen, während der Berliner Landesverband vehement für ihren Einsatz geworben hatte, und in den Foren und Mailinglisten tobten virtuelle Schlammschlachten, wie sie in der Partei üblich sind.

Doch nach Berlin ist alles anders – denn dort gewann die Partei mit Versprechungen, die auf »Liquid Feedback« fußen, so viele Stimmen wie noch nie, und nicht nur von »digital natives«, denen das Internet zum Lebensinhalt geworden ist, sondern auch von Parteien- und Politikverdrossenen. Die Piraten warben in der Hauptstadt nicht wie bisher mit netzpolitischen Forderungen, sondern mit einer neuen Interpretation politischer Prozesse. Transparenz und Beteiligung waren dafür die Codewörter, die »Liquid Feedback« in die Wirklichkeit übersetzen soll.

Mit dem Programm können Parteimitglieder online eigene Anträge einbringen, über sie diskutieren und, falls sich in der Diskussionsphase genügend Leute für ein Thema interessieren, im nächsten Schritt über sie abstimmen lassen. Mit »Liquid Feedback« wurde das konfuse Berliner Wahlprogramm vorbereitet, mit einem Programm wie diesem will die Partei nicht weniger als das gesamte politische System revolutionieren. Am

Ende steht das Ziel einer sogenannten »Liquid Democracy«: Jeder Bürger, ob Parteimitglied oder nicht, soll sich über das Internet an politischen Entscheidungen beteiligen können. Zentrales Element ist die Möglichkeit, seine Stimme zu delegieren – je nachdem, ob man sich selbst in einer Frage auskennt oder einen anderen für kompetenter hält. Derjenige, der für kompetenter gehalten wird, kann die an ihn gegebenen Stimmen wiederum weitergeben; vergebene Stimmen können jederzeit zurückgezogen werden.

Die Piratenpartei sprach sich schon 2007, ein Jahr nach ihrer Gründung, für das Konzept der »Liquid Democracy« aus. Auf ihrer Internetseite heißt es: »Dieses Mix-Prinzip ist entscheidend, da man sich nicht mehr für ein Bündel von Prinzipien entscheiden muss, wie es beispielsweise eine Partei bietet, sondern man sich je nach Thema die Experten aussuchen kann, denen man vertraut – oder selbst entscheiden kann.« Im idealen politischen System der Piraten gibt es keine Politiker oder Parteien mehr, sondern nur noch Fachleute, was kurios erscheinen lässt, dass die Piraten sich nun doch ganz ernsthaft im klassischen Parteiensystem einordnen.

Doch vom Paradies der flüssigen Demokratie, in der man zwischen Themen, politischer Ausrichtung und Repräsentanten je nach Gefühlslage hin und her springen kann, ist die Partei ebenso weit entfernt wie von einem sinnvollen Programm. Denn ein funktionierendes Betriebssystem hat sie nicht.

»Liquid Feedback« etwa hat eine Tücke, die eine der

größten Selbstblockaden der Partei offenlegt. Die Piraten fordern von allen Beteiligten des politischen Systems größtmögliche Transparenz, leiden aber selbst unter extremer Paranoia vor Datenklau und Ausspähung, die es ihnen unmöglich macht, das Prinzip auf sich selbst anzuwenden. Da »Liquid Feedback« aber nur wirklich funktioniert, wenn alle Abstimmenden sich per Namen oder wenigstens Pseudonym als Menschen und Parteimitglieder identifizieren lassen – und nicht als Computerprogramm oder fünfzehntes Benutzerkonto eines Parteimitglieds –, löst die Software bei vielen in der Partei hysterische Abwehrreaktionen aus.

Entwickelt wurde das Programm für Abstimmungen mit echten Namen. Vier Berliner haben es programmiert, die 2009 Mitglieder der Piratenpartei wurden, als deren Zahl sich im Kampf gegen die angekündigten Netzsperren von Familienministerin von der Leyen von wenigen hundert auf mehrere tausend vervielfachte. Sogleich griff Angst vor einer »Vergrünung« um sich, wie es in Anlehnung an die ehemals ebenso basisdemokratisch orientierten Grünen hieß, die dann doch ein Delegiertensystem hatten einführen müssen – und die Berliner machten sich an die Erarbeitung einer Software, um dem Schreckgespenst der Hierarchisierung zuvorzukommen. Mit ihr sollten eines Tages auch Nichtparteimitglieder an Abstimmungen beteiligt werden.

Zunächst wurde »Liquid Feedback« im Februar 2010 im Berliner Landesverband eingeführt – mit Pseudonymen. Eine eigens eingerichtete »Clearing-Stelle« vergibt in einem komplexen Verfahren ein Codewort, die Mitgliederverwaltung einen weiteren Schlüssel zur Registrierung, um zu verhindern, dass die Pseudonyme aufgedeckt werden können. So kann theoretisch nur der Bundesvorstand eine Abstimmung überprüfen, indem er die Daten zusammenführen lässt, die aus einer Stimme einen Menschen machen. Vielen Piraten ist das nicht transparent genug.

Für die Entwickler wiederum wäre das System in einer anonymisierten Version unbrauchbar. Geradezu vermessen sei es, dann von Demokratie zu sprechen, sagt Jan Behrens, einer der vier, die inzwischen allesamt aus der Piratenpartei ausgetreten sind. Abstimmungen wären dann gar nicht mehr überprüfbar. Er hält den Umgang der Partei mit dem Programm für »Sandkastenpolitik«. Sie müsse sich entscheiden, ob sie es verbindlich verwenden wolle – dann aber mit echten Namen. Nur so ließen sich auch Nichtmitglieder einbeziehen. Im Moment sei das allenfalls ein »Experiment«. Ein Experiment, das traditionelle Abstimmungen nicht ersetzen kann: Alle Anträge, die im »Liquid Feedback« eine Mehrheit bekommen, müssen auf Parteitagen noch einmal zur Abstimmung gestellt werden. Bürgerbeteiligung ist noch gar nicht vorgesehen – als Gast kann man im System nur zusehen.

Der Bundesvorsitzende Nerz gilt noch immer als ein Gegner des Systems, auch wenn er sich mit dem Vorstand inzwischen bereit erklärt hat, die komplizierte Benutzeroberfläche weiterentwickeln und vereinfachen zu lassen. Doch kurz nach dem Auftritt vor der Bundespressekonferenz holte der Vorstand schon zum nächsten Schlag in die Magengrube der »Liquid Feedback«-Befürworter aus: Er veröffentlichte eine parteiinterne Umfrage, die nicht abgesprochen war und mit einer anderen Software ausgeführt wurde.

So wird die Hochstimmung des Berliner Wahlerfolgs in den Wachstumskrämpfen der werdenden Partei schon langsam wieder zerrieben – und für den Bundesparteitag Anfang Dezember sagen manche Parteimitglieder bereits den nächsten Eklat voraus. »Liquid Feedback« könnte dabei eine Rolle spielen.

WIE DEMOKRATISCH SIND »PIRATEN«-PARTEIEN – UND WIE ELEKTRONISCH?

Von Hans Ulrich Gumbrecht

Es ist schon überraschend (oder »bemerkenswert«, wie man in Deutschland gerne mit leicht akademischem Stirnrunzeln sagt), dass die jüngste jener Wellen radikaldemokratischer Bewegung, die im späten achtzehnten Jahrhundert einsetzten, den Macht-Effekt und den anarchischen Charme von »Piraten« beansprucht. Ein Google-Klick genügt, und man sieht, wie solche Gruppierungen mit elektronischer Initialzündung während der vergangenen fünf Jahre in buchstäblich allen Ländern der Welt aus je verschiedenen politischen Böden geschossen sind und anscheinend unaufhaltsam Fahrt aufgenommen haben, manchmal mit wirklich exponentieller Beschleunigung – um sich am Ende jedenfalls immer um die Piratenflagge und ihr Emblem zu versammeln. Piraten aber, das weiß jeder Leser von Geschichten wie »Peter Pan« oder »Die Schatzinsel«, könnten nicht existieren, falls sie sich je auf Regeln demokratischen Umgangs einließen. Piraten fühlen sich an kein Gesetz gebunden und sind ausschließlich motiviert von Gelegenheiten raschen materiellen Gewinns, wenn sie – momentane Vorteile von Flexibilitäts- und Gewaltpotential nutzend – auf hoher See schwere Fregatten entern. Was sind aber, um im Bild zu bleiben, die schwerfälligen Fregatten, welche die Piratenparteien von heute entern wollen, stets bewaffnet mit dem Versprechen von mehr Demokratie?

Natürlich heißt die Antwort, dass in der Sicht der neuen elektronischen Piraten jedes »etablierte« politische System zur Fregatte wird. Solange es sich bei den etablierten Systemen um Diktaturen handelt (wie bei einer Anzahl von arabischen Ländern in der jüngsten Vergangenheit) oder um eine zum Schutz von Politikern aufgebotene Polizeimacht von einschüchternder Präsenz (wie bei mehreren Weltwirtschaftsgipfeln seit der Jahrtausendwende), lässt ein Wind globaler Sympathie die auf Konfliktkurs gehisste Piratenflagge flattern. Aber sollte man mit derselben Sympathie – oder gar mit Schadenfreude – reagieren, wenn die Piraten Systeme parlamentarischer Demokratie attackieren? Ende September berichtete die *New York Times* von Jugend-Protestbewegungen in Israel, Spanien und England, die sich nicht mehr um Wahlen und all die anderen demokratischen Legitimationsmechanismen scheren. Demokratisch sein soll für sie allein heißen, die Institutionen liberaler Politik zu ignorieren und lahmzulegen, wenn möglich für immer.

Worin liegt nun die spezifische Schwäche, worin liegt

der wunde Punkt parlamentarischer Demokratien, auf die es solche »Piraten« abgesehen haben? Warum erweisen sie sich als schutzlos-schwere Fregatten auf der hohen See internationaler und nationaler Politik? Das Problem lässt sich am deutlichsten beim historischen Ursprung unserer heutigen Staatsformen greifen, im Zeitalter der europäischen (und nordamerikanischen) Aufklärung. Gegen die Konzentration der gesamten politischen Macht in den Händen absolutistischer Monarchen ging es der Aufklärung als politischer Bewegung zunächst um die Teilnahme aller Untertanen im Prozess der Meinungsbildung. Diese Inklusion sollte sie von Untertanen zu Bürgern machen. So vage die Ideen über Mechanismen von Inklusion und Partizipation auch damals noch waren, man stellte sich Demokratie stets als »direkte« Demokratie vor. Der »politische Körper« sollte aus einer begrenzten Anzahl von Bürgern bestehen, forderte etwa Jean-Jacques Rousseau, von Bürgern, die sich auf einem Feld versammeln konnten, um dort in unmittelbarer Präsenz Gesetzesvorschlägen und Strategien politischen Handelns ihre Beistimmung zu geben oder zu verweigern.

Dabei zeigte sich sofort ein zentrales Problem – und mithin die Schwerfälligkeit der Demokratie als System – aufgrund jenes Effekts, den Niklas Luhmann (zweihundert Jahre später) den Effekt der »Elargierung« nannte. Denn die etwa fünfzehn Millionen Wahlbürger, deren beste Interessen die Politiker der Französischen Revolution verwirklichen wollten, ließen sich beim besten Willen nicht mehr auf einem Feld versammeln und »direkt« auf politische Zustimmung oder Ablehnung befragen. Die Lösung des Problems lag im Prinzip der »Repräsentation«, in der Wahl von Abgeordneten und Parlamenten, denen es anstelle der Versammlung aller Bürger auferlegt war (und immer noch ist), als »Vertreter« politische Entscheidungen zu diskutieren und zu formen. Rousseau scheint darauf mit der Unterscheidung zwischen dem »Willen aller« (»volonté de tous«) und dem »allgemeinen Willen« (»volonté générale«) reagiert zu haben. Dem Willen aller Individuen (aller versammelten Bürger zum Beispiel) sprach er geringere Wahrheitsfähigkeit zu als dem allgemeinen Willen (wie ihn kleinere, besonders qualifizierte Gruppen »zum Wohl aller« identifizieren sollen). Mit anderen Worten: Nicht die Teilnahme wirklich aller Bürger macht eine Entscheidung demokratisch, sondern ihre Qualität und ihre Konsequenzen (dies wurde dann eineinhalb Jahrhunderte später zum Legitimationsprinzip des Staats-Sozialismus).

Unvermeidlich entstehen jedenfalls Spannungen zwischen der radikaldemokratischen Forderung nach Inklusion aller Bürger in den politischen Prozess einerseits und andererseits gewissen Folgen des Prinzips der Repräsentation. Gewählte Abgeordnete sollen für jeweils eine Legislaturperiode in ihren Entscheidungen unabhängig sein; ihnen wird begrenzte Immunität gegen gerichtliche Verfolgung gewährt; unvermeidlich entwickelt sich die Politiker-Klasse stets zu einer Schicht »demokratischen Adels« (nicht umsonst redet man Abgeordnete im amerikanischen Englisch mit dem Wort »Honorable« an). Solche Spannungen und vermeintlichen Widersprüche waren und sind der Preis, den Systeme parlamentarischer Demokratie für die Problemlösung des Repräsentationsprinzips zahlen. Wegen ihrer standen sie von Beginn im Feuer radikaldemokratischer Kritik: »die da oben«, die weit vom Volk »abgehobenen« Politiker, kennen überhaupt nicht mehr den Alltag und die Sorgen derer, die sie vertreten sollen. Das so wahrgenommene »politische System« ist also genau jene schwerfällige Fregatte, die die Piraten entern wollen.

Und worin besteht der (bisher eher implizite als programmatische) positive Demokratieanspruch der Piraten? Vor allem natürlich in der »frechen« Art und Weise, wie sie »die da oben« herausfordern. Dann aber auch in dem Sachverhalt, dass das Internet, die elektronische Kommunikationsform, über die Piraten sich finden und zusammenschließen, tatsächlich offen ist für die Inklusion und Partizipation aller Bürger (zumindest für die Teilnahme aller Bürger, die Zugang zu einem Computer haben). Hinzu kommt die mittlerweile empirisch gesicherte Erfahrung, dass aus elektronischer Kommunikation erstaunlich flache (»laterale«, »nichthierarchische«) Formen sozialer Beziehung entstehen. Wir alle kennen die Wundergeschichten von den blitzschnellen und allein kompetenzabhängigen Karrieren in der Software-Industrie, zu denen »Aufstieg« als Dimension gar nicht mehr gehört; wer auf dem Web zuhause ist, weiß, wie schnell dort alle (sprachlichen) Konventionen der Distanz, Höflichkeit und Autorität abgelegt werden. Ganz unberechtigt ist es also nicht, wenn die Piratenparteien agieren, als ob sie die lang ersehnte Verwirklichung des Traums seien, der in dem Satz »Wir sind das Volk« steckt. Auf das Prinzip der Repräsentation und seine unvermeidlichen Ambivalenzen jedenfalls müssen sie sich (selbst dort, wo sie in Parlamente gewählt werden) kaum einlassen, solange es ihnen gelingt – auf den lateral organisierten Kommunikationsstrukturen des Web – Lawinen des Protests und andere Formen von (meist negativer) Konsensbildung auszulösen.

Gibt es überhaupt irgendwelche Probleme mit den lateralen Strukturen elektronischer Demokratie? Oder sollten wir sie so schnell und vollständig als nur möglich zu unserer politischen Zukunft machen? Ich bin eher pessimistisch in dieser Hinsicht (aber ich bin auch dreiundsechzig Jahre alt, elektronisch eher gehandicapt und ein autoritär über seine Studenten wachender Professor). Ich bin pessimistisch, weil ich vermute, dass die eine – vielleicht die einzige – große Stärke der elektronisch-lateralen Demokratie im Kanalisieren und Bündeln von Protestpotentialen liegt. Für diese Funktion ist der Kollaps aller Hierarchien eine ideale Voraussetzung, denn er lässt sämtliche Energiequellen des Protests auf derselben Ebene zusammenströmen. Andererseits bin ich überzeugt, dass Prozesse der politischen Entscheidungsfindung und die Entwicklung von Zukunftsvisionen erfolgreicher und effizienter unter Bedingungen politischer Repräsentation und struktureller

Hierarchie (oder jedenfalls unter Bedingungen struktureller Asymmetrie) ablaufen. Denn Hierarchien können über Beziehungen der Rivalität intellektuelle und politische Energien freisetzen, und Hierarchien können die formbildende Funktion der Reduktion von Komplexität fördern (anders gesagt: Entscheidungen fallen leichter, wo sie ab und an von einer zentralen Figur oder von einem kleinen Spezialisten-Gremium verantwortet werden dürfen). Oft sind Hierarchien sogar genau in diesem Sinn das Ergebnis und zugleich die Voraussetzung von Kompetenz-Steigerung.

Laterale Kommunikationsstrukturen bewähren sich (wie schon gesagt) beim Auslösen von meinungsbildenden Prozessen und bei der Inklusion der Vielen. Zur Entwicklung von Problemlösungsstrategien sind sie wohl weniger geeignet, weil es ihnen schwerfällt, einen (gemeinsamen) Fokus auszumachen und beizubehalten. Die Segel des Piratenschiffs mag ein frischer Wind des neuen kollektivistischen (und sogar radikaldemokratischen) Protests füllen, doch es wird den Piratenparteien, lässt sich voraussagen, nur so lange richtig gut gehen, wie sie vor allem reagieren können – und nicht den politischen Ton angeben müssen. Dieses potentielle Schicksal teilen sie übrigens mit der amerikanischen Tea Party-Bewegung (so anders die Tonalität der selbstbeschreibenden Bilder sein mag), die ja auch als Advokatin von Individual-Interessen gegen das »Etablierte« und »Abgehobene« in der Politik polemisiert – in diesem speziellen Fall unter den Flügeln einer großen alten Partei.

Aber wer weiß? Vielleicht kommt alles ganz anders. Silicon Valley wird man nichts weniger vorwerfen als Problemlösungs-Schwäche – und keine Industrie ist so unhierarchisch organisiert wie die dort entstandene Software-Industrie. Vielleicht stehen die »Piraten« und jene elektronischen Kommunikationsformen, die sie ausmachen, erst am Beginn eines heute noch kaum vorstellbaren Triumphzugs. Vielleicht bin ich einfach zu alt, um noch Urteilskraft für einschlägige Zukunftsprognosen zu haben. Dort, wo der elektronische Triumphzug enden mag, möchte ich jedenfalls lieber nicht leben müssen.

DIE ANDEREN PIRATEN. VERSUCH ÜBER (INTERNATIONALE) VERNETZUNG

Von Johannes Schneider

Zu den großen Schwierigkeiten beim Reden über die Piratenpartei gehört, dass es sie nicht zweimal gibt. Zweimal wäre wirklich praktisch, um überhaupt über sie reden zu können. Reden als etwas, das über den eigenen Status quo hinausweist, das bestimmte Chancen nutzen und bestimmten Gefahren entgehen kann. Es bräuchte zweimal eine Partei, die unter den Bedingungen einer heutigen Medienlandschaft wachsen muss, dabei vordergründig keine eingängige Großforderung wie etwa die grüne nach dem Ausstieg aus der Kernenergie ihr Kernanliegen nennt, sondern »nur« ein gesteigertes Interesse an politischen Verfahrensweisen. Es bräuchte zweimal eine Partei, die sich entscheiden muss, wo sie mit einer Stimme spricht und wo mit vielen, wo sie Introspektion betreibt und wo (und wie) sie in den Diskurs mit anderen treten kann.

Kurzum, es bräuchte ein Simulakrum, einen zweiten, zumindest ähnlichen Akteur, der es dem Betrachter ermöglichen würde, vom kommentierenden Begleiter zum tatsächlichen Beobachter zu werden; indem er durch die doppelte Orientierung ein Referenzsystem erkennt, das sich für den Akteur, die Piraten selbst, gar nicht unbedingt erschließt, erschließen muss. Das würde so vieles einfacher machen: die Beurteilung der Zukunftschancen der Partei, den Ratschlag, die Kritik. Ja, gerade die Kritik: Die verliert sich im Moment noch jedes Mal, wo sie etwas Konkretes von den Piraten einfordern will, an deren Alleinstellung, die eben nicht nur eine inhaltliche ist, sondern eine strukturelle. Thematische Lücken? Werden sich dank Liquid Feedback schnell schließen. Genderpolitik? Ist kein Problem, weil parteiintern niemand eins sieht. Und so weiter.

Am System Piraten nicht abzugleiten ist Hochleistungssport. Modellhaft erschließt sich das für den, der mit Piraten das Thema internationale Vernetzung diskutiert. Wer anmerkt, dass das weitgehende Fehlen einer transnationalen Programmatik, die vergleichsweise geringe Aktivität in internationalen Piratenforen und die vergleichsweise tote Webseite der Pirate Parties International (PPI), des offiziellen Dachverbands der seit 2006 weltweit gegründeten Piratenparteien, einer Bewegung nicht gut zu Gesicht steht, die sich als globale Stimme für ein globales Problemfeld versteht, wird schnell eines Besseren belehrt: dass nämlich im Vergleich zu anderen Parteien und Bewegungen sehr viel internationaler Austausch stattfindet. Dass in ihren Kernthemen wie Transparenz, Datenschutz und Netzneutralität die internationalen Piratenparteien mit einer Stimme sprechen. Dass es, wie jüngst in Potsdam, internationale Tagungen gibt, auf denen am internationalen Programm gearbeitet wird. Generell: dass es bei den Piraten jederzeit und in allem, was kommunikative und vernetzende Prozesse angeht, besser ist als anderswo. Dass die Offenheit theoretisch unbegrenzt ist, dass sie sich, wie es der Berliner Piraten-Abgeordnete Christopher Lauer nach einer Island-Reise zusammenfasste, »mit allem und jedem« vernetzen, »der uns etwas anbietet«.

Und natürlich stimmt das alles: Im sechsten Jahr nach der Gründung der ersten Piratenpartei in Schweden listen die PPI beachtliche 62 nationale oder regionale Parteien. Piraten gibt es in Argentinien und Nepal, in Norwegen und Südafrika. Sie machen in Brüssel gegen die Vorratsdatenspeicherung mobil und protestieren weltweit gegen das plurilaterale sogenannte Anti-Piraterie-Abkommen »Acta«, mit dem Urheberrechtsverletzungen international unter harte Strafen gestellt werden sollen. Die Piratenparteien der Welt stehen zudem an der Seite der verhinderten russischen Piratenpartei, der Anfang Juli ein Moskauer Gericht verbot, unter einer Bezeichnung für »Seebanditen« und »Zuchthäusler« eine Partei zu gründen. Im Anschluss daran wurden auch die deutschen Piraten von ihrem Bundesverband aufgerufen, bei Interesse und Sprachkompetenz im Abstimmungssystem der russischen Piratenpartei an einem Namenswettbewerb teilzunehmen. Die Offenheit scheint theoretisch unbegrenzt.

Kurzum: Die Piraten sind, gemessen an ihrer Jugend und ihren finanziellen Möglichkeiten, um ein Vielfaches besser international vernetzt als andere politische Kräfte. Die Ahnung, dass besser gemessen an den eigenen Inhalten nicht gut genug ist, ließe sich daher wohl nur mit einer zweiten, simulakren Bewegung in Gewissheit überführen. Eine, die den De-facto-Piraten in allem gleicht, die die Internationalisierung aber deutlich rücksichtsloser und prioritärer betreibt: deren nationale Führungsriege auf Twitter ein wenig weniger (nämlich nicht ausschließlich) in deutscher Sprache über deutsche Innenpolitik, deutsche Medien und nicht zuletzt: deutsche Piraten schreibt; die sich in ihren Tweets und Blogeinträgen maximal zur Hälfte auf deutsche und deutschsprachige Medien und Blogs beruft; die Strukturen anstrebt – Wikis, Pads, und Foren –, die noch viel mehr transnational als national vernetzen. Kurzum: eine, die berücksichtigt, dass ihr Dasein zu eng mit der Existenz globaler Netze verknüpft ist, als dass die physische Entortung der Teilnehmer an Kommunikation nicht auch das Kommunikationsverhalten der nationalen Partei jederzeit betreffen müsste.

Wer nur diese Möglichkeit denkt, der gibt sich mit typisch piratischen Zirkelschlüssen der Kategorie, dass eben vorrangig das geredet wird, was die Redner reden möchten und man ihnen dabei nicht reinreden soll, nicht mehr wirklich zufrieden. Denn wer das Andere denken kann, kann sich auch andere Akteure denken. Solche, die – in jeder Hinsicht – weniger provinziell veranlagt sind und daher weniger leicht entlang der technischen Möglichkeiten und einer falsch verstandenen Liberalität in ein regionales Selbstgespräch rutschen. Die Fragen, die sich dann stellen, sind drängender, als sie sich in einer Welt, in der etwas schlicht nicht stattfindet, zunächst zu stellen scheinen: Was wäre, wenn die real existierenden Piraten die semantische Dimension ihres eigenen Tuns gnadenlos unterschätzen? Ist der Weg einer allein technischen Modifizierung von Kommunikationsprozessen tatsächlich der richtige? Müsste der, der Vernetzung ernst nimmt, Kommunikation nicht auch programmatisch verändern, und nicht nur in der Programmierung? Kurz: Müssten sich die Piraten, nähmen sie die absolute Bedeutung von Vernetzung nicht nur technisch, sondern auch intellektuell ernst, nicht zu einer internationaleren Kommunikationsweise zwingen – und nicht immer nur darauf verweisen, dass es sie gäbe, wenn sie gewollt wäre?

Natürlich, jaja, kann man das Netz bei aller Emphase für eine erträumte »nicht nur technische« Kommunikationssensibilität in der Piratenpartei nicht komplett abgelöst von nationalen Dimensionen und Institutionen betrachten. Wer als Mitglied einer jungen Fraktion im Berliner Abgeordnetenhaus sitzt oder als Bundesvorsitzender die Partei der Stunde anführt, der twittert nun mal bevorzugt mit und über Parteimitglieder, Medien und Politiker anderer Parteien just dieser Bezugsrahmen. Schon klar. Aber ist es – bei aller Freiheit des einzelnen Twitterers – deshalb auch richtig, das Medium Netz im überwältigenden Gros der eigenen Kommunikationsakte auf gewohnte, außerhalb seiner liegende Bezugssysteme wie Staaten, Länder, Parlamente und eben nationale Parteiprogrammatik zu verkleinern? Indem man sich in nationale Echoräume zurückzieht; indem Netzwerkkommunikation, deren Fülle und Dichte das Leben der Piratenpartei entscheidend bestimmt, Grenzen nur am Rande überwindet; indem sie die Internationalität nur in Arbeitsgruppen, die Integration in ein nationales System aber eindeutig vorrangig betreibt?

Ohne Simulakrum wird sich nie letztgültig sagen lassen, ob die internationale Piratenbewegung, wenn sie dereinst, was die Heterogenität der einzelnen nationalen Webauftritte bereits jetzt nahelegt, in aktive und inaktive, erfolgreiche und erfolglose, Chaoten und Karrieristen, rechte und linke zerfällt, durch eine anders verfahrende deutsche Partei zu retten gewesen wäre. Es lassen sich aber immerhin, wenn man lange genug über die Möglichkeit des ganz und gar Anderen nachdenkt, andere Möglichkeiten denken: etwa die Möglichkeit einer Piratenpartei, deren Netzwerk ebenso sehr ein semantisches wie ein technisches ist; die Möglichkeit einer Piratenpartei, die nicht – wie bisher – weitgehend blindwütig Impulse entlang den Linien von Aufmerksamkeit und technischer Ermöglichung schießt, sondern bewusst dahingehend kommuniziert, dass bestimmte bedeutsame Netzwerke nicht veröden; und damit eben auch die Möglichkeit einer Piratenpartei, die gezielt einen nationalen Diskurs ausdünnt, um einen internationalen Diskurs zu verdichten.

Dass auch die technischen Lösungen, die Piraten weltweit benutzen, nichts daran ändern können, dass jede Zeiteinheit jedem Akteur nur einmal zur Verfügung steht, ist nicht der einzig entscheidende Punkt, den die real existierenden Piraten beim dezidierten Nicht-Beschreiten dieses Weges nur zu offensichtlich krass unterschätzen. Auch das Wissen um die Wichtigkeit eines gezielten Einsatzes von (Fremd-)Sprache, deren Sinndimensionen sich zwar nicht decodieren lassen, aber ebenso wichtig für gelingende Kommunikation im Netz sind wie Forenarchitektur und Liquid Feedback, kann im Bewusstsein der De-facto-Piraten schmerzlich vermisst werden. Wer die Piraten mit einer Ahnung von anderen Unterhändlern der gleichen Sache im Hinterkopf verfolgt, wird den Eindruck nicht los, hier mit Protagonisten geschlagen zu sein, die ihr in jeder Hinsicht bedeutsames Anliegen – mediengerechte politische Normen für eine vernetzte Welt – vornehmlich technisch durchdrungen haben. Eine simulakre Piratenpartei bestünde daher im Idealfall nicht (wie die tatsächliche) zu einem überragenden Teil aus verfahrenstechnisch interessierten Bastlern, sondern hätte auch noch ein paar Leute an Bord, die nicht nur fragen, wie man es technisch ermöglicht, möglichst viele Leute an möglichst vielen Prozessen möglichst effektiv zu beteiligen, sondern auch, wie eine solche Beteiligung aussehen müsste, um dauerhaft Strukturen zu stabilisieren, die mehr bedeuten als nur, dass sie möglich sind.

Um damit die Sehnsucht nach einem Simulakrum abschließend in die aufkeimende Sehnsucht nach einer gänzlich anderen Piratenpartei zu überführen: Es bräuchte eine Piratenpartei, in der Bedeuten nicht nur ein zufälliges Nebenprodukt versuchter Prozessoptimierung wäre, sondern Ziel aller Bemühungen. Dass dem derzeit nicht so ist beziehungsweise: dass es überhaupt keine Sensibilität für die Sphäre von semantischer Bedeutung, also vom höheren Wert bestimmter Kommunikationen gegenüber anderen im Kontext der Ziele der Piraten zu geben scheint, zeigt eben die internationale (Nicht-)Vernetzung der Piraten, zeigt auch auf ganz simpler Ebene der stiefkindhafte Umgang mit der Weltsprache Englisch. Wo von allen Mitgliedern der Führungsebene der deutschen Piratenpartei auf Twitter und/oder Facebook fast ausschließlich national kommuniziert wird, zeigt sich ein demonstratives Desinteresse an internationalen Beziehungen. Das wird in dem Moment kritisch, in dem man sich in Erinnerung ruft, wie bedeutsam diese Beziehungen gerade für eine Partei der Netze und der offenen Kommunikation sein sollte. Es wird fatal in dem Moment, in dem das Problem bestritten wird – mit dem Argument, die Möglichkeit zum Austausch bestehe ja auch international, sie werde nur nicht so rege/so öffentlich genutzt.

Was genau eine Umorientierung hin zu einer stärkeren Bedeutung von Bedeutung, die notwendig eine stärkere Gewichtung des Internationalen nach sich zöge, den Piraten an Erfolg, Misserfolg, Chancen und Gefahren bringen würde, darüber lässt sich indes keine Aussage treffen. Es steht sogar zu befürchten, dass die Piraten sich mit einer stärkeren Orientierung an semantischen Feinheiten ein Stück weit selbst den jugendlichen Schneid abkaufen könnten: Wer zu lange darüber nachdenkt, was denn nun – eher lang- als kurzfristig – ein »Angebot« ist, für das es sich zu »vernetzen« lohnt, der kommt vielleicht nicht mehr zu so fetzigen »Mit allem und jedem«-Aussagen wie der eingangs zitierte Christopher Lauer. Die Frage ist nun, ob man – zugunsten eines höheren Reflexionsgrads – die leichtfertige Arroganz der heutigen »Anything goes«-Piraten missen wollen würde. Wäre eine Piratenpartei, die die Bedeutung des (internationalen) Diskurses noch vor der Maschine betont, die ihn ermöglicht, überhaupt noch sie selbst? Wäre das einer Gruppe angemessen, die, wenn sie nach diskursiven Prozessen gefragt wird, fast immer die Bedeutung des Apparats und seiner Gesetze für selbige betont? Kurzum: Wäre das noch ein Simulakrum, ein Ähnliches? Wäre das noch die charmante Parallelwelt der Technik-Nerds? Nein, vermutlich nicht. Aber gerade darin wäre es ein interessantes Projekt. Ein anderes.

DIE REVOLUTION DER PIRATEN

SIE HABEN UNSERE WELT PROGRAMMIERT: NERDS BLIEBEN BISLANG AM LIEBSTEN UNTER SICH UND WAREN BEINAHE UNSICHTBAR. JETZT BETRETEN SIE DIE WELT DER POLITIK. WAS HAT DAS ZU BEDEUTEN?

Von Frank Schirrmacher

Die Journalistin Dagmar von Taube bringt demnächst einen offenbar sehr interessanten Fotoband über die Berliner Gesellschaft heraus. Bei dem wenigen, das man gesehen hat, handelt es sich um ein Panorama von Schönheit und Coolness und Macht, von Clubs und Bars, von Partys und Gastwirten – ganz Berlin, so scheint es, ist ein einziger Grill, auf dem Königskinder von heute in glühender Liebe zu Kunst und Smalltalk vor sich hin brutzeln. Aber ehe daraus eine neue Ära wird, hier der Hinweis: Etwas fehlt.

Es fehlt nicht nur hier, es fehlt überall, wo solche balzacschen Gemälde entworfen werden. Es fehlt, wie ich feststelle, auch in allen meinen Artikeln und in fast allen Artikeln meiner Kollegen der letzten Jahre. Es fehlt nicht nur in Berlin, sondern in München, Frankfurt und Münster. Wir haben es entweder alle übersehen oder nicht ernst genommen, auch deshalb, weil Coolheitsgesichtspunkte einer Pop-Ökonomie dagegen sprachen. Fragen Sie jeden Feuilletonredakteur: Was ist cooler? Ein wabernder, wilder Text des Kult-Denkers und Model-Ehemannes Slavoj Žižek, der uns züchtigt und uns unsere eigene Spießigkeit schmerzlich bewusst macht; oder sind es die Satzbefehle, die irgendein pizzaverschlingender Zwanzigjähriger in seinem mit »Star Wars«-Memorabilien vollgestopften Kinderzimmer jetzt gerade in seinen Computer tippt? Könnte man sich vorstellen, dass sie in einem von Dagmar von Taubes Get-togethers, während Nadja Auermann und Norbert Bisky noch feiern und flirten, über das Problem von Botnets oder die besten Verfahren der »würdevollen Herabstufung« reden, der Art und Weise, wie man Websites auf Handys darstellt?

Kurz: Was fehlt, sind die Nerds.

Und jetzt, da sich aus ihrem innersten Kern eine neue und wahrscheinlich bald auch immer un-nerdigere, weil moderne politische Bewegung formiert, kann man nicht anders, als voller Respekt und ohne Ironie ihren Siegeszug zu rühmen. Sie haben die Gesellschaft längst geentert, noch ehe Teile von ihnen sich als »Piraten« zusammentaten. Ob die »Piraten« Nerds sind oder nicht, ist eine der am heißesten diskutierten Fragen der politischen Blogs im Internet. Mit gutem Grund: Der klassische Nerd trägt Kopfhörer, während er sich tief über seine Computertastatur beugt und gedankenlos mit der linken Hand nach einem kalten Stück Pizza greift. In »Jurassic Park« war der Typus, gespielt von Wayne Knight, zu besichtigen.

Nerds sind meist männliche junge Leute, die schon im Alter von vier Jahren damit beginnen, Spielzeugautos, Radios und Computer zu zerlegen und ganz anders wieder zusammenzubauen. Es gibt auch weibliche Nerds. Marissa Mayer von Google, die sich selbst einen Nerd nennt, ist die prominenteste Frau. Nerds verehren Daniel Düsentrieb, Jules Verne und später Neal Stephenson. Meist fallen sie schon frühzeitig durch einen unbändigen Basteltrieb auf. Früher konnte man sie in der Schule leicht erkennen: Sie hatten Diplomatenkoffer mit Nummernschloss, dessen Code sie täglich änderten, trugen Pferdeschwanz und schwarze T-Shirts mit »Ultima Online«-Logo. Der Typus ist seltener geworden, aber, wie ein Blick in das Publikum des letzten ZDF-Wahlforums zeigte, nicht ganz ausgestorben. Ausgehend vom neuen Google-Stil sind Nerds heute von der Pizza-und-Cola-Phase in das »Healthy food«-Biotop gewechselt und deshalb, anders als die großen Nerd-Pioniere wie Jaron Lanier und Nathan Myhrvold, nicht mehr ohne Weiteres zu erkennen.

Ein Foto des jungen Bill Gates. Aufgenommen 1978. Es ist das letzte Jahr der Ruhe. Noch ein Jahr, dann wird, wie Gates später erklären wird, der »digitale Tsunami« losbrechen. Dann wird klar werden, dass ein Massenmarkt für Computertechnologie entsteht. Das Foto zeigt einen etwas bleichen, jungen Mann mit ziemlich dicken Brillengläsern. Zwei Jahre zuvor hatte er bei einer Tupperware-Party seiner Mutter sein erstes Computerprogramm vorgeführt und war unter Flüchen und Wutanfällen gescheitert. »Er geht wohl nicht in Discos«, soll eine Freundin seiner Mutter bemerkt haben. Porträts des Tycoons als junger Mann: Es gibt noch viele davon, von Bill Joy, dem Gründer der Computerfirma »Sun«, von Danny Hillis, der den ersten Parallelrechner erdachte, von Charles Simonyi, der die wichtigsten Anwendungsprogramme erfand. Und dann sind da die zwei jungen Männer. Sie haben zwar keine dicken Brillen, aber während ihre Kommilitonen in Clubs abhängen, sitzen sie zuhause und spielen mit Lego. Sie bauen einen bunten Turm aus Legosteinen, einen Quader, wie man ihn aus jedem Kinderzimmer kennt, nur dass hier im Inneren eine Zentraleinheit, eine Festplatte und ein Algorithmus versteckt sind. Vier Jahre später wird dieser Legoturm das Herz der wertvollsten Firma der Welt geworden sein, die in allen ihren Niederlassungen Legosteine verstreut und in ihrem Markenzeichen »Google« bis heute den Farben Legos huldigt.

Die Nerds, die die Sprites auf ihrem C-64-Homecomputer programmierten, während ihre Mitschüler in Clubs oder auf Demos waren, haben buchstäblich die Welt programmiert, in der wir uns heute bewegen. Wenn wir der modernen Welt ein Gesicht geben wollen, reden wir von Wall-Street-Haien und Managern, aber wir sollten anfangen, über Nerds zu reden. Dieser Text ist in Word geschrieben. Word stammt von Charles Simonyi. Bereits als Vierjähriger im kommunistischen Ungarn spielte er in der damals noch begehbaren Zentraleinheit des Computers, den sein Vater bediente. Mit zehn bestach er das Aufsichtspersonal, um an dem Computer, der mit riesigen Hebeln statt einer Tastatur ausgestattet war, zu programmieren. Mit achtzehn verließ er Ungarn. In Amerika schlug er sich als Privatlehrer durch und saß nächtelang vor einem uralten IBM-Rechner. Mit einunddreißig lernte er Bill Gates kennen. Für ihn erfand er »Word« und »Excel«, zwei Programme, die in den Tiefen des Codes kleine Gedenktafeln eingebaut haben, die sagen, dass sie »vom Ungarn« (»the Hungarian«) stammen. Und dann, mit über fünfzig, lässt sich der Jules-Verne- und »Star Wars«-Fan von den Russen auf eigene Kosten ins Weltall schießen. Das ist sozusagen der Nerd in Reinkultur.

Der Nerd ist ein Wunder der Technik. Aber jetzt wird er zu einem Wunder unserer Gesellschaft. Man würde ihn in unserer coolen Glamourwelt auf jeder Party übersehen, er würde kaum reden und keinen Wirbel machen. Ein großer Fehler, wie wir womöglich bereits nach der Bundestagswahl bemerken werden.

Nerds sind Menschen, die wissen wollen, wie Dinge funktionieren. Sie benutzen Schraubenzieher und sehr große Lupen. Sie zerlegen Radios und Computer und bauen sie dann wieder zusammen. Allerdings kann der Computer dann Kaffee kochen, und das Radio sucht nach Signalen außerirdischen Lebens. Das erste Nerd-Programm im Internet war eine Webcam, die auf eine Kaffeemaschine in Oxford gerichtet war.

Nerds, heißt es, haben es in der Pubertät etwas

schwerer als die Raver, eine Freundin zu finden. Das stachelt sie umso mehr an. Das Ergebnis liegt vor unser aller Augen: Nerds haben die Drehbücher unserer Kommunikation, unserer SMS-Botschaften, mittlerweile unseres Denkens geschrieben. Sie sind die größte Macht der modernen Gesellschaft. Ihre Texte verstehen Außenstehende nicht, obwohl sich alle nach ihnen richten, und sei es, wenn sie Suchbefehle bei Google eingeben. Es waren die Nerds, die als Erste erkannten, dass deshalb die Codes offen sein müssten, überprüfbar und zumindest lesbar für die anderen Nerds. Denn es gibt, wie überall, Abspaltungen, Verrat, Seitenwechsel auch bei den Nerds. Eine besonders gefährliche Gruppe sind die *quants*, die quantitativen Analysten; sie schrieben die Software für die Finanzprodukte, die die Katastrophe brachten.

Ihrem Wesen nach sind Nerds individualistisch. Aber sie sind Individualisten, die dank der digitalen Technologie die größte Vernetzungsstufe der Menschheitsgeschichte möglich gemacht haben: Vernetzung einzelner Subjekte, die ihren Charakter und ihre Individualität bewahren können, nicht nach ihrem Äußeren beurteilt werden, nicht nach ihrem Geschlecht, nicht nach ihrem Diplomatenkoffer oder ihrer Jute-Tasche. Die Organisation ist so geschlechtsneutral, wie es das Internet ist. Das erklärt, wieso sie politisch geweckt wurden, als die Grundregeln bedroht zu sein schienen. Und das macht sie wichtig und notwendig.

Über die »Piraten« lässt sich Endgültiges noch nicht sagen. Die Partei betrachtet die modernen Technologien als ein Instrument der Emanzipation. Ihr harter Kern ist nerdig, doch Jens Seipenbusch, der Bundesvorsitzende und ein Intellektueller von Format, zeigt bereits den Übergang: die Verwandlung des Nerds in ein politisches Tier. Würden die Nerds jetzt oder bald ein politisches Mandat erringen, wäre das, nachdem sie die Kommunikation der Gesellschaft revolutioniert haben, ihr erster Triumph nicht mehr nur in der Welt der Legosteine, sondern in der Welt von Zement und Mörtel. Vielleicht würden die wahren Nerds im Lauf der Zeit und bei größerem Erfolg immer weniger, so wie sich in den achtziger Jahren die bärtetragenden strickenden Männer bei den Grünen keinen Außenminister Joschka Fischer haben vorstellen können. Aber zu glauben, es handele sich um das Partikularinteresse einer partikularen Öffentlichkeit, wäre ein großer Fehler.

Was wir erleben, ist der Übertritt einer anderen Intelligenzform in den Bereich der Politik. Ob durchweg zum Guten, das lässt sich heute noch nicht sagen. Für das Problem des Urheberrechts haben die »Piraten« so wenig eine Antwort wie die anderen: Ihr heutiges Programm, umgesetzt, bedeutete das Ende von Verlagen und Künstlern. Auch über den abgründigen Herrn Tauss sollte man schweigen, solange das Urteil nicht gesprochen ist. Jedenfalls verzichten die »Piraten« glücklicherweise darauf, ihn zu einer Galionsfigur zu machen. Man kann nur hoffen, dass es so bleibt. Wenn die Schwäche eines Gesetzes dadurch bewiesen werden soll, dass ein Bundestagsabgeordneter aus angeblichen Recherchegründen einschlägige Daten empfängt und versendet und das Ganze dann auch noch mit den Worten »Geiles Material« quittiert, dann ist man froh, dass es Gerichte gibt, die der »Recherche« nachrecherchieren.

Doch wer diese Bewegung zu Befürwortern von Kinderpornographie machen wollte, handelte nicht nur moralisch, sondern auch intellektuell höchst unüberlegt. Die Fragen, die die digitale Intelligenz stellt, sind legitim und überfällig. Dazu zählt auch das Netzsperrengesetz. Kein Mensch bestreitet die Notwendigkeit, der Täter habhaft zu werden. Aber es wäre einem wohler, die Bundesregierung lüde die Kritiker ein, um gemeinsam ein Verfahren zu entwickeln, das funktioniert.

Noch hat die Politik, haben viele Menschen kaum eine Ahnung, wie fundamental die Informationstechnologien unser Verhältnis zu uns selbst verändern werden. Immer mehr Menschen bewegen sich in Informationsökologien, die harmlos wirken, aber in deren Untergrund hochkomplexe Berechnungen laufen, die menschliches Verhalten in Mathematik verwandeln. Das Feedback, das diese Systeme auf das »wirkliche« Leben haben, lässt sich erst in Ansätzen erkennen. Aber klar ist, eine Welt, in der vom Arbeitgeber bis zur Krankenversicherung ganze Lebensläufe in Daten zerhackt, neu zusammengesetzt und interpretiert werden, Daten, in denen nicht nur Aussagen über die Gegenwart, sondern auch über die Zukunft, die Leistungskraft, die Kreativität und womöglich auch die politische Einstellung von Menschen gesammelt werden, eine solche Welt verändert ihr Verhältnis zur Freiheit fundamental. Insofern ist das Programm der Nerds, ob sie nun in der Piratenpartei sind oder in anderen Parteien, noch viel zu bescheiden. Sie, die die Systeme kennen, müssen, wie seinerzeit die Renegaten der Atomspaltung, in politische Sprache übersetzen, was technisch möglich ist, was es aus uns macht und wie wir uns dagegen wehren können. In den Vereinigten Staaten sind Verhaltensvoraussagen zur Abwehr von terroristischen Verbrechen bereits ein florierender Markt. Aber eine Software, die solches Verhalten vorhersagen kann, kann das auch womöglich bei anderen Fragen. Das betrifft nicht nur den Staat, der das Internet erst mit der nächsten Politikergeneration wirklich entdecken wird, sondern vor allem auch Wirtschaft und Unternehmen.

2006 veröffentlichten fünf Forscher der Universität Minnesota einen Aufsatz mit dem Titel »Sie sind, was Sie sagen: Bedrohung der Privatsphäre durch öffentliche Äußerungen«. Was sie zeigten – mittlerweile ist die Technik ausgereifter –, war nichts anderes, als dass es Softwareprogramme gibt, die durch Zugriff auf Online-Datenbanken selbst bei Anonymisierung unglaubliche Korrelationen und Profile herstellen können. Da Menschen, über das, was sie mögen, gerne kommunizieren, einen Film, ein Musikstück, ein Foto, und da sie das meistens auf mehreren Plattformen tun, von Facebook über Amazon bis zum eigenen Blog, haben die Forscher gezeigt, dass es schon bei Verwendung von zwei Datenbanken möglich war, sechzig Prozent jener Menschen zu identifizieren, die acht oder mehr Filme erwähnten.

Die Fragen, die aus Verhaltenssteuerung und Voraussage sich ergeben, aber auch die Abhängigkeit des modernen Menschen von unverstandenen Algorithmen sind Kernfragen der gesellschaftlichen Zukunft. Sie werden nicht weggehen und nicht ein für alle Mal gelöst werden können. Aber es ist entscheidend, dass man erkennt, dass die Informationsgesellschaft auf andere Weise, aber mit ähnlicher Dramatik unser Leben revolutioniert, wie es einst die Maschinenparks des industriellen Zeitalters taten.

Und dazu brauchen wir Nerds. Sie sind eine politische Kraft, ziehen Nicht-Nerds an sich heran und werden bald auch die anderen Parteien verändern.

Die digitale Intelligenz, für die der Urkern der Piratenpartei nur ein Symbol ist, denkt nicht mehr psychologisch. Hier reden Experten der Informationsverarbeitung. Es sind Leute, die nichts so sehr interessiert wie die Frage, wie Informationen zustande kommen, weil dann erst über ihre Richtigkeit oder Unrichtigkeit geurteilt werden kann. Sie glauben zunächst nicht an höhere Einsichten, sondern an Algorithmen, das heißt an stufenweise aufgebaute Rezepte, die zu einem Ergebnis führen. Alles das, was hochkomplexe mathematische Theorien, sei es der Verhaltensökonomik, sei es der modernen Psychologie, in den letzten Jahren an neuen Erkenntnissen über das Zustandekommen von richtigen oder unrichtigen Entscheidungen herausgefunden haben, ist für sie längst Lebenswirklichkeit. Sie erleben es praktisch im Netz. Jeder bekanntere Blogger kann die Effekte von Gruppenurteilen und Gruppenpolarisierungen auf seiner eigenen Seite in Echtzeit studieren, jeder weiß, dass das Ergebnis einer Debatte über Wertfragen manchmal nur von der mathematischen Einschätzung durch rivva.de oder Google abhängt, jeder erlebt, wie ein felsenfester Konsens binnen Sekunden durch Kommentatoren aufgebrochen werden kann und durch Feedback zu einem neuen Konsens wird – und wer das alles nicht selbst erlebt, kann es bei Wikipedia oder Google-News studieren. Das Netz beendet das Verhältnis von Macht und Gedanken nicht, es verteilt es nur neu. Wer in den letzten Tagen gesehen hat, dass eine sich als PR-Trick herausstellende Information über einen angeblichen Selbstmordanschlag in einer nicht existierenden amerikanischen Stadt über Twitter kommuniziert und am Ende von der dpa in alle Welt verbreitet wird, der weiß, dass »Urteile«, »Meinungen« und psychologische Trends mathematischen Mustern folgen.

Anders aber, als die Cyber-Propheten glauben, ist das Netz auch strukturell keineswegs der Ort der Freiheit, als der es, auch aus Marketinggründen, annonciert wird. Man muss es anders formulieren: Das Netz stellt, gerade wegen seiner kontrollierten Strukturen, viele Freiheitsfragen auf ganz neue Weise. In seinem Maschinenraum arbeitet Software, die gleichsam über unendlich viele Aktenordner, Protokolle, Querverweise, Fußnoten, Eingaben das Verhalten steuert und prägt, ohne dass man es merkt. Die Vorstellung, dass das Netz an sich frei und kostenlos sei, ist eine der stärksten Illusionen der Gegenwart. Es ist einer der meistkontrollierten Organismen, die wir kennen. Moderne Informationstechnologien sind dezentral, aber ihrem Wesen nach bürokratisch.

Deshalb siedeln die »Piraten« an einem Ort, den sie selbst erst vermessen, der aber, nach allem, was wir heute wissen, nicht das Herz, sondern das Großhirn moderner Gesellschaften betrifft. Die jungen Vertreter des alten Parteiensystems haben mit wachem Instinkt festgestellt, dass die »Piraten« zwar einerseits kommerzfeindlich (Kopierschutz), in einigen ihren Strömungen partiell marxistisch (Vergesellschaftung der Inhalte), aber andererseits in ihrem Individualismus auch durchaus neoliberal sind. Eines der ersten Piratenschiffe im England der sechziger Jahre, das gekaperte Musik in den Äther sendete, hieß »The Laissez Faire«.

Die existentielle Frage des geistigen Eigentums beispielsweise wird im Augenblick vor allem technisch beantwortet. Da das Internet kostenlose Kopien von allem und jedem zu Nullkosten erlaubt, folgt in den Augen der Piraten daraus die prinzipielle Freiheit der Inhalte. Es ist aber eine Schlüsselfrage der digitalen Zukunft, dass sich jedermann der unerwünschten Verbreitung und des Diebstahls seines geistigen Eigentums widersetzen kann. Jonas Andersson hat das soeben am Beispiel der schwedischen Website »Pirate Bay« (die mit den »Piraten« nicht in einen Topf geworfen werden kann) gezeigt. Die Gruppe der freien Inhaltelieferanten im Netz, jener Elite, die in eigenen Blogs und Foren Beiträge, Analysen und Kommentare liefert, ist im Vergleich zu denen, die sich ausschließlich fremder Inhalte bedienen und sie auch noch verkaufen, erstaunlich gering. Viele, die im Netz das Urheberrecht infrage stellen, basteln mittlerweile an ihrem eigenen Geschäftsmodell, und das ist vielleicht die aktuellste Erscheinungsform doppelter Moral: Es ist kein Zufall, dass der kluge Chris Anderson, Chefredakteur von *Wired* und Autor des Buches *Free*, sowie der Cyber-Evangelist Jeff Jarvis ihre Bücher gegen Geld verkaufen und ihre Verlage Urheberrechtsverstöße streng ahnden. Allerdings muss man auch hier die Genese kennen: Kopierschutz bei Software oder Musik, der den Gebrauch fast unmöglich macht, und die potentielle Kriminalisierung der Computer-Kids, die sich ein Spiel kopieren, standen am Anfang der Massenbewegung.

Womöglich sind die »Piraten« längst nicht mehr die Nerds, die insbesondere Grüne wie neulich Julia Seeliger in einer klugen Analyse in ihnen zu erkennen glauben. Auf alle Fälle sind sie der Kern der ersten digitalsozialen Bewegung. »Eure Wurzeln sind nur im Netz«, schrieb Julia Seeliger in ihrem *taz*-Blog, um zu begründen, warum sie die »Piraten« zwar begrüße, aber sie nicht wählen werde.

Das Netz freilich ist jetzt selbst eine Ökologie geworden und wird, im unmittelbar bevorstehenden, durch den Vorboten Twitter schon spürbaren Echtzeit-Internet, über die mobilen Geräte die Mauern zwischen der materiellen und der digitalen Welt noch löchriger machen. Das wird, anders als viele glauben, nicht auf Kosten des Papiers gehen, sondern ihm eine neue Rolle in der Ko-Existenz der Plattformen zuweisen. Dazu braucht die Gesellschaft Gesprächspartner, wenn sie nicht nur den Codes der Software und des nächsten Hypes folgen will. Es wäre schön für alle, wenn die »Piraten«, ganz gleich ob als Partei oder als Bewegung, ein solcher Gesprächspartner sein könnten. Um das herauszufinden, gibt es keine prognostische Software. Aber es gibt die Möglichkeit, ihnen zuzuhören und mit ihnen zu reden.

WARUM ES NICHT SO GUT IST, DASS ES DIE PIRATEN GIBT

Von Kathrin Passig

Es gibt Menschen, die wissen schon als Schüler, dass sie später einmal Politiker werden wollen. Die treten dann der Jungen Union oder den Grünen bei, und es ist ja auch schön, dass unsere Gesellschaft für diese Menschen sorgt. Aber jetzt sehen sich auch normale Personen genötigt, selbst Politiker zu werden, anstatt etwas Vernünftiges mit ihrer Zeit anzufangen. Dass sie es nicht gerne tun, lässt sich daran ablesen, dass es so lange gedauert hat bis zur Gründung der Piraten. Man dachte ja geraume Zeit, die Politik würde nach ein paar Jahren schon einsehen, dass das Internet weder Teufelswerk noch eine Mode ist, die bald wieder vorübergeht. Aber es zeichnete sich keine Besserung ab, im Gegenteil, immer mehr Unfug war aus Politikermund über das Internet zu hören. Irgendwann gaben die ersten normalen Menschen klein bei, sagten: »Na gut! Wenn man nicht alles selber macht!«, und wurden Politiker. Hinter jedem von ihnen, der sich öffentlich zu Wort meldet, stehen Hunderte, die man nicht sieht und die jetzt ebenfalls ihre Zeit mit Politik zubringen. Viele davon sind Programmierer. Was könnten sie in der Zeit Schönes und Weltverbesserndes schaffen! Jetzt müssen sie darüber abstimmen, ob über Tagesordnungspunkt 103 abgestimmt werden soll oder nicht, anstatt dafür zu sorgen, dass neue Techniken und Praktiken auch weiterhin schneller entstehen, als man »Regulierungsbedarf!« sagen kann. In wenigen Jahren werden sie ganz kaputt sein von Bundesparteitagen, Frauenquotendiskussionen, Tätigkeitsberichten und Anträgen auf Verhängung von Ordnungsmaßnahmen. Man kann sie dann nur noch zum Schreiben von Nörgelkommentaren im Internet gebrauchen, in denen sie die Jugend für ihren Glauben an die Möglichkeit von Veränderungen verlachen. Aber vielleicht erfinden ja bis dahin die paar übrigen Programmierer ein gedächtnislöschendes Blitzdings, dann kann man die Piratenpolitiker nach vier Jahren einfach resetten und wieder normal mit ihnen reden. Also darüber, was jetzt besser ist: meine Programmiersprache oder deine.

HER MIT DEN PIRATINNEN! NACH DEM ERFOLG EINER MÄNNER-PARTEI: VERSCHLAFEN DIE FRAUEN GERADE DIE DIGITALE REVOLUTION?

Von Alexandra Borchardt

An die Sache mit dem Geld haben sich Frauen in Deutschland ja schon fast gewöhnt. Schließlich kommt jedes Jahr von Neuem die Statistik, die ihnen attestiert, dass sie bei Gehaltsverhandlungen und Berufswahl nichts dazugelernt haben: Der Unterschied zwischen Männer- und Fraueneinkommen liegt stabil bei 23 Prozent. Wird schon noch, denkt sich dann so manche Lohnempfängerin, und klärt eigene oder fremde Töchter vorsorglich über Gewinnerprofessionen auf.

Und dann schafft es eine Partei ins Berliner Abgeordnetenhaus, deren Fraktion aus 14 Männern besteht – und einer Frau. Schlimmer: Ausgerechnet diese Piratenpartei, deren Name Mütter allenfalls an Vorlesestunden mit »Jim Knopf und die Wilde 13« erinnert, wird allerorten als frische gesellschaftliche Kraft gefeiert. Sie verkörpere das Bedürfnis der Menschen nach Transparenz und Bürgerbeteiligung, heißt es. Eine Transparenz, die es Männern erlaubt, ganz offen die Ära des Postfeminismus auszurufen, ob selbstbewusst oder verklemmt, sei mal dahingestellt. »Für uns ist diese Unterscheidung zwischen Frauen und Männern nicht mehr zeitgemäß, da wir jeden Menschen abseits von seinem Geschlechtsmerkmal als gleichwertig ansehen«, argumentieren sie. Einfacher lassen sich vier Jahrzehnte Kampf um Gleichberechtigung nicht für erledigt erklären. Erledigt im Sinne von: mausetot.

Nun kann es sein, dass sich die Piraten von selbst erledigen, wie schon so manche Protestpartei, die an den Mühen der politischen Detailarbeit gescheitert ist. Für Frauen sollte das trotzdem ein Weckruf sein. Gibt es hier einen zunehmend wichtigen Teil der Welt, in dem die Bewohnerinnen wieder Randfiguren werden? Gehört die Zukunft den Nerds, also den technikverliebten Eigenbrötlern? Verschlafen Frauen gar die digitale Revolution?

Schreiben Männer in der Tradition von Jahrhunderten auch dieses Stück Technikgeschichte weitgehend alleine, hätte das Folgen auf Jahrzehnte hinaus. Denn mit dem Erfolg von Informationstechnologie und Internet, die bald fast alle Lebensbereiche durchdringen, wird der Himmel, von dem Frauen immer die Hälfte haben wollten, gerade wieder neu aufgeteilt. Es geht um Geld, Macht und Einfluss in ihren Wechselwirkungen. Es geht auch um Mitbestimmung: Internet-Kampagnen in der Bürgerbeteiligung, Blogging und Online-Abstimmungen in Wahlkämpfen – noch ist das Ausmaß nicht absehbar, das digitale Kanäle in der politischen Meinungsbildung und Mobilisierung bekommen könnten. Und leider gilt: Frauen bewegen sich in der digitalen Welt, aber sie formen sie nicht.

Schon lange ist vom digitalen Graben die Rede: Menschen mit Zugang zum Internet haben deutlich bessere Chancen auf Bildung und Teilhabe als solche, die abgehängt sind, meist Ältere und Arme. Dieses Problem schrumpft. Der Sprung in den Datenfluss gelingt mittlerweile vielen; der arabische Frühling mit seinen Aufrufen zu Demonstrationen über die virtuellen Netze hat das gezeigt. Aber die entscheidende Frage lautet, wer die neue Internet- und Technikwelt konstruiert.

In der Nutzung digitaler Medien sind Frauen und Mädchen mittlerweile echte Cracks. In den sozialen Netzwerken, der Plauderei im Internet also, haben sie das andere Geschlecht überholt. Nach Zahlen des IT-Verbands Bitkom vom August sind unter Internetnutzern 74 Prozent der Männer Mitglied in mindestens einer Online-Community, aber 80 Prozent der Frauen. Auch unter Bloggern gibt es erfolgreiche Frauen, rechnet man Mode und Promi-Kommentatorinnen mit ein, sogar viele. Auf dem deutschen Social-Media-Kongress Re:publica hielten Frauen immerhin ein Drittel aller Reden, sagt Tanja Häusler, Mitorganisatorin und Geschäftsführerin des Berliner Blogs Spreeblick. Sie räumt allerdings ein: »Die männlichen Blogs sind lauter.« Tatsächlich ist gerade die Außenwirkung der aggressiven, professoralen Wortbeiträge von Männern groß. Virtuelle Plätze unterscheiden sich kaum von gepflasterten.

Darüber sollten Frauen nachdenken, denn hier geht es um Definitionsmacht. Die Wissensbildung im Internet etwa ist schon Männerterrain. Bei Wikipedia, dem von Nutzern gespeisten Online-Lexikon, stammen auf der englischsprachigen Seite 87 Prozent der Einträge von Männern, in Deutschland mehr als 90 Prozent. Die Wikipedia-Stiftung hat das Problem erkannt. Sie will den Frauenanteil bis 2015 auf 25 Prozent bringen.

Auch in der Informationstechnologie treffen Frauen wenig Gleichgesinnte. Vom einsamen Hacker über die Garagenfirma bis hin zum milliardenschweren Technologiekonzern – alles Männerbastionen. Männer haben federführend das iPhone entwickelt, obwohl man meinen könnte, es sei das perfekte Frauenprodukt: Kein Nutzer muss sich mit technischen Details herumärgern, es ist Mittel zum Zweck und schick dazu. Auch hinter Facebook, dem öffentlichsten Kaffeekränzchen der Welt und Lebensbegleiter der nachwachsenden Generationen, stecken in erster Linie Männer.

In dem Film »The Social Network«, der den Aufstieg des Facebook-Gründers Mark Zuckerberg abbilden soll, verteilt Zuckerberg in einer Szene in seiner jungen Firma Posten – einer Firma übrigens, die aus einer illegalen Website entstand, auf der Harvard-Studenten den Sexappeal von Kommilitoninnen bewerten konnten. Zuckerberg macht seine Kumpels zum Finanzchef, zum Chefprogrammierer, zum Marketingchef. »Können wir auch irgendwas tun?«, fragen zwei

Frauen, die als Groupies dabeisitzen. »Nein!«, sagt der Film-Zuckerberg.

Es macht nachdenklich, dass das Interesse von Mädchen und Frauen an der Informationstechnologie sogar abgenommen hat. In der Informatik sind derzeit deutschlandweit 18 Prozent aller Erstsemester junge Frauen. Der Anteil weiblicher Auszubildender in IT-Berufen ist auf unter zehn Prozent gefallen. Da stimme »die Verkaufe« nicht, sagt Prof. Barbara Schwarze, die seit Jahrzehnten in Gremien für Frauen in Technologieberufen kämpft. Das Bild »junger Mann vor Schaltschrank« schrecke Mädchen ab. Dem IT-Verband Bitkom ist erst im Frühjahr dieses Jahres aufgefallen, dass der Frauenmangel überhaupt ein Problem sein könnte – der fehlenden Fachkräfte wegen. Jetzt gibt es eine Task Force. Zweimal hat sie sich bislang getroffen.

Deutsche Frauen schauen dann gerne nach Amerika. Dort gibt es immerhin eine Meg Whitman, die eBay führte und jetzt zur Rettung von Hewlett Packard gerufen wurde. Oder Carol Bartz, die bis vor Kurzem Yahoo leitete. Und überhaupt haben es jenseits des Atlantiks schon viel mehr Frauen in Vorstandsetagen geschafft, trotz schlechter Kinderbetreuung, die in Deutschland immer als größtes Karrierehemmnis für Frauen genannt wird. Das National Center for Women & Information Technology an der University of Colorado in Boulder hält jedoch dagegen: 1985 hätten Frauen noch 37 Prozent aller US-Abschlüsse in den Computer- und Informationswissenschaften erhalten, 2009 seien es nur 18 Prozent gewesen. Nur ein Viertel der amerikanischen IT-Jobs sei in Frauenhand, bei 56 Prozent Frauenanteil an der US-Arbeitnehmerschaft. Dabei liege die Kapitalrendite von Technologiefirmen um 34 Prozent höher, wenn Frauen in der Geschäftsführung säßen.

In Deutschland gibt es zwar zahllose Initiativen, um Mädchen für Technik zu entflammen. Und dass Mint kein Pfefferminzbonbon ist, sondern für »Mathematik, Informatik, Naturwissenschaften oder Technik« steht, weiß auch schon die eine oder andere. Während aber in der Mathematik jeder zweite Studienanfänger weiblich ist, lehnen viele Frauen gerade die Informatik ab. Nicht, weil ihnen die Arbeit keinen Spaß macht, wenn sie diese denn einmal ausprobieren. Sondern weil sie sich scheuen, von Männern umringt zu sein, »die im Computer wohnen«, wie dies die Informatik-Professorin Sissi Closs formuliert. Viele Mädchen erleben den Nerd als eher langweiligen, ein bisschen kontaktgestörten Typen, der bis spät in die Nacht vor dem Bildschirm sitzt – auch wenn er nicht mehr Gesundheitslatschen, sondern piratisch-korrekt Kapuzenpulli trägt.

Der Unterschied ist nur: Früher hätte so einer Briefmarken gesammelt oder Züge der Bundesbahn katalogisiert, heute hingegen zieht der eine oder andere in Weltkonzernen die Fäden, neuerdings – siehe Piraten – auch in politischen Parteien. Viele Frauen haben keine Lust auf diese Männerwelt. Auch weil sie spüren, dass sie dort unerwünscht sind. »Wenn Sie einmal gelesen haben, was es im Internet für Kommentare von

Männern gibt, wenn wir um Frauen in bestimmten Informatikfeldern werben, dann ignorieren Sie die das nächste Mal lieber«, sagt die Soziologin Schwarze. Hinter Postfeminismus verbirgt sich auch Frauenhass.

Tatsächlich waren es *angry young men*, die vor zwei Wochen in Berlin überdurchschnittlich für die Piraten gestimmt haben. Männlich, gebildet, unter 30, oft arbeitslos, so das Profil des typischen Piratenwählers. Freiheit im Netz und anderswo, totale Transparenz, so das Programm. Während die Grünen mit ihrer Sorge um die Natur einst gerade bei Müttern ankamen, die SPD bei Frauen in sozialen Berufen punktet, sich die Union die wachsende Klientel von Frauen an den Schaltstellen mittelständischer Betriebe zunutze macht, gibt es nicht viele Piratenslogans, die speziell Frauen anziehen. Freiheit und Mitbestimmung jederzeit und überall – aber nur, solange man Lust hat? Frauen wissen, dass das Leben oft mehr Verantwortung als Lust für sie bereithält: für die Kinder, den Job, den Haushalt, die Eltern, die Freunde. Für ein Leben in Einheit mit dem Computer fehlt ihnen schlicht die Zeit. Und Unverbindlichkeit ist ihnen ein Gräuel, weil sie die Organisation des Alltags erschwert. Doch wenn aus dem Pirat ein Parlamentarier, aus dem Technikfreak der Angestellte eines IT-Konzerns oder ein Unternehmer mit Personalverantwortung wird, erledigt sich das Problem mit der Unverbindlichkeit meist von selbst.

Es hilft nichts, die Frauen müssen sich trauen! Oder wollen sie im Ernst ein Leben in einer Welt riskieren, deren Strukturen von technik- und detailverliebten, auf totale Transparenz zielenden Nerds geprägt sind? Nein, gerade auch die als typisch weiblich kategorisierten Eigenschaften müssen her, wenn die digitale Welt eine für alle mit Produkten für alle werden soll: für Junge und Alte, für Arme und Reiche, für Frauen und Männer. Darin sind sie doch stark, viele Frauen: kommunizieren und zuhören, verschiedene Kulturen verstehen, das Fremde akzeptieren. Sie haben oft Einfühlungsvermögen, Mit- und Bauchgefühl, Inspiration und Instinkt. Jeder Software, jeder technischen Entwicklung kommt das zugute. Tausende Informatikerinnen wissen, wie viel Spaß Technik machen kann. Nur leider bleiben viele von ihnen so im Hintergrund wie die weiblichen Parteigängerinnen bei den Piraten.

Zudem geht in der IT-Industrie sogar das besonders gut, was sich viele Frauen vom Job erhoffen: Das Home-Office ist akzeptiert. Teilzeitarbeit klappt, weil Entwicklungsprojekte ohnehin aufgeteilt werden müssen. Wer wissen will, wie es geht, kann zum Beispiel bei Sissi Closs nachfragen, die seit 25 Jahren das IT-Unternehmen Comet in München leitet und den Frauenanteil dort nach eigenem Bekunden mühelos und ungeplant stabil bei 60 Prozent hält. Sie bietet flexible Arbeitszeiten, Teamarbeit, flache Hierarchien, dafür naturgemäß weniger Aufstiegsmöglichkeiten. Illusionen darf sich natürlich keine Frau machen. Auch in dieser Branche gilt: Wer richtig was werden will, kommt am Vollzeitjob nicht vorbei.

Wenn aber ein Teil der digitalen Welt doch männliches Terrain bleiben sollte, dann sei's drum. Frauen müssen ja nicht gleich jedem bei Wikipedia die Welt erklären. Auf Rechnung arbeitet es sich ohnehin viel angenehmer.

ENDLICH NORMALE MENSCHEN. EINE BINÄR CODIERTE GESCHLECHTERGERECHTIGKEIT IST DER PIRATENPARTEI ZU WENIG

Von Teresa Bücker

Für den Ruf der Piraten rollten Presse und die politische Klasse nach dem Wahlerfolg in Berlin den blutroten Teppich aus. Viele der hämischen und unreflektierten Kommentare, die sich an die junge Partei richteten, signalisierten vor allem eines: Angst. Angst vor den Eichhörnchen[1], Furcht vor den als Frauen oder Männer sozialisierten

---

1 Auf dem Gemeinschaftsblog des Kegelclubs, ein Zusammenschluss von »sich weiblich fühlenden« Piraten, wandten sich die Autorinnen mit einem Brief an die Presse, in dem es hieß: »Wir, die ›Frauen in der Piratenpartei‹ – und unsere Selbstzuschreibungen sind wesentlich komplexer, als die Medien das gerne hätten, das geht von ›(weiblicher) Pirat‹, ›männliche Piratin‹, ›Piratin‹ über ›als Frau sozialisierter Mensch‹ und ›Mensch mit zwei x-Chromosomen‹ bis zu ›transsexuelles Eichhörnchen‹ – sind mehr als nur dieses ›Frau-Sein‹, auf das wir stets reduziert werden.«

Menschen, und Unsicherheit vor den Himbeer-Crémant trinkenden Politikbegeisterten, ganz ohne Augenklappen. Die Piraten, überrumpelt von satten 8,9 Prozent der Berliner Wählerstimmen, passten mit ihren nun zusätzlich erworbenen Beulen, Kanten und stolz geschwellten Brüsten in keine der Schubladen, die in Fernsehstudios und den übrigen Parteizentralen kurz nach den Hochrechnungen für Zwergenparteien bereitstanden. Die Schwachstelle der Partei war schnell ausgemacht: ein Mangel des Vitamin F: Frauen. Die Zufütterung für die Fraktion im Abgeordnetenhaus würde zu spät kommen. Unter den 15 neuen Abgeordneten befand sich nur eine Piratin. Im Kommentarhagel von Medien und politischen Gegnern, die sich redlich bemühten, den politischen Zusammenschluss mit dem Etikett Männer- und Machopartei stumm zu kleben, erstickten die Botschaften und betrachtenswerten Aspekte des Wahlerfolges der Partei zunächst. Piratinnen, Frauenquote, Sexismus, Patriarchat – all diese Wörter dominierten die mediale Berichterstattung, die politische Häme, die Nutzerkommentare in Blogs, sozialen Netzwerken und Berliner Kneipen. Obgleich die Piraten ihre Landesliste mit wenig Genderbewusstsein gestaltet hatten: Durch diesen Fehler taten sie gleichsam den feministischen Debatten in Deutschland einen Gefallen. Denn Feminismus ist immer noch ein Nischenthema, das von vielen Medien und in etablierten Parteien nur mit Pinzette und in Hinterzimmern angefasst wird. Auf der Tagesordnung und auf Titelseiten spielt Geschlechtergerechtigkeit selten eine Rolle, noch dünner ist das fundierte Wissen, wirklich mutige politische Forderungen hört man innerhalb des etablierten Parteiensystems selten.

Das Parteiprogramm der Piraten verzeichnet eine progressive, radikalfeministische Geschlechterpolitik. Setzen die Piraten ihren politischen Erfolg fort, können und müssen sie einen feministischen Fortschritt über ihre Positionen stärken und Geschlechterthemen offensiv im politischen System verankern. Denn etablierte Parteien kommen in Gleichstellungsfragen oftmals nicht über weißen Mittelschichtsfeminismus hinaus. Das große Thema der Frauenquote, das von außen nun auch an die Piratenpartei herangetragen wurde, steht dabei symbolisch für das einfältige Verständnis von Geschlechterpolitik und vor allem von Geschlecht. Von lediglich zwei biologischen Geschlechtern auszugehen und entlang von zwei starren Variablen Politik und Gesellschaft gestalten zu wollen, bleibt hinter aktuellen gesellschaftlichen und feministischen Debatten weit zurück.

So schreiben die Piraten in ihrem Parteiprogramm: »Fremdbestimmte Zuordnungen zu einem Geschlecht oder zu Geschlechterrollen lehnen wir ab. Diskriminierung aufgrund des Geschlechts, der Geschlechterrolle, der sexuellen Identität oder Orientierung ist Unrecht. Gesellschaftsstrukturen, die sich aus Geschlechterrollenbildern ergeben, werden dem Individuum nicht gerecht und müssen überwunden werden.« Sie fordern darin unter anderem, den Zwang zum geschlechtseindeutigen Vornamen abzuschaffen.

Auf theoretischer Ebene haben die Mitglieder der Piratenpartei vorgearbeitet. Sie legen ein digitales Fundament für eine neue Geschlechterdemokratie, die die Grenzen von zweigeschlechtlichem Denken sprengen soll und Menschen als Individuum betrachtet – nicht nur als Männer und Frauen. Als Rechtfertigungsversuch nach der Berliner Wahl hieß es aus den Reihen der Piraten, das Ideal eines Umgangs miteinander sei »post-gender«, was heißen soll, dass biologisches Geschlecht innerhalb der Partei und in der Gesellschaft keine Rolle mehr spielen soll. Dass ihre Gemeinschaft über die Problematik sozial gefestigter Geschlechterrollen bereits hinweg sei, sehen die Piraten selbst kritisch. Denn was in der Theorie avantgardistisch und sexy klingt, gestaltet sich in der Praxis holprig und fern von eleganter Umsetzung. Denn in der Außensicht bedeutet post-gender bei den Piraten noch, dass ein einziges Geschlecht dominiert: die Männer. Von Frauen, Transsexuellen und einem vielfältigen Genderverständnis finden die Suchenden nur zart schimmernde Spuren. Dominante Strukturen, aus denen Männer als Gewinner hervorgehen, scheinen auch innerhalb der freiheitlich denkenden Jungpartei wirkmächtig zu greifen. Die Quote von Frauen, die offizielle Ämter der Partei besetzen, ist verschwindend gering.

Doch die Piraten und Piratinnen, die sich gegen den Quotendruck von außen zur Wehr setzen, demonstrieren auf diese Art eine fortschrittliche Haltung gegenüber Geschlechtergerechtigkeit. Eine Frauenquote, so argumentieren sie, reproduziere Heteronormativität, unterscheide nur zwei Geschlechter und sei in Wahrheit das Zeichen von Scheu vor tiefer greifendem gesellschaftlichen Wandel. In der Tat hat eine Geschlechterquote in anderen Parteien auch bis heute noch nicht dazu geführt, dass Frauen gänzlich gleichberechtigt in führenden Positionen vertreten sind, dass »Boys Clubs« der Vergangenheit angehören und die Gemeinschaft der politischen Amtsträger vielfältig ist.

Die Mitglieder der Piratenpartei jedoch machen die politische Klasse nun unabhängig ihres Geschlechts vielfältiger und demokratischer. Denn sie begeistern Menschen dafür, sich aktiv politisch zu beteiligen, die es vorher nicht getan haben. Ja, die Piraten haben einen Teil dazu beigetragen, dass Frauen, die zuvor keine politische Heimat hatten, sich nun engagieren. Anstelle von Juristen und Lehrern schreiben nun Nerds, Studenten und Arbeitslose Parteiprogramme. In Berlin mobilisierten sie Nichtwähler, und Erstwähler entschieden sich bewusst für eine Partei, die ihre Generation und Anliegen repräsentiert. Aus einer feministischen Perspektive leisten die Piraten daher einen wichtigen Beitrag zur Modernisierung des Politikbetriebs, denn zu den Zielen des Feminismus gehört mittlerweile nicht nur die Gleichberechtigung von Frauen, sondern die Stärkung der Stimmen von all denjenigen Gruppen, die in Gesellschaft und Politik wenig Gehör finden. Die Partei diskutiert dabei offen darüber, dass sie mehr dafür tun muss, alle Menschen, für die sie sprechen möchte, in die politische Arbeit einzubinden.

Noch ist die Piratenpartei eine Partei, deren Kurs

vor allem von gut ausgebildeten, weißen Männern bestimmt wird. Doch bereits jetzt finden sich erste Ansätze, diese Mitgliederstruktur aufzubrechen. Frauen in der Piratenpartei weisen zu Recht darauf hin, dass der Erfolg und Wertigkeit im politischen Engagement sich nicht über die Vergabe von offiziellen Parteiämtern messen lassen. Die Partei, die sich als eines ihrer Hauptziele gesetzt hat, transparent zu arbeiten, sollte daher nun sichtbar machen, dass Politik aus weit mehr besteht als öffentlichen Sprecherpositionen. Die Piratenpartei könnte die Wertschätzungskultur in der Politik neu prägen und Parteistrukturen anders gestalten. Dass ihre Positionen vornehmlich über das Internet erarbeitet werden, ist ideale Ausgangslage, um zu zeigen, dass Parteien mehr sind als ihre Vorsitzenden. Denn in kollaborativ geschriebenen Programmen, Anträgen, in Blogs und Tweets können Interessierte leicht verfolgen, dass Politik ein Werk von vielen ist. Neben den Inhalten kann die Piratenpartei nun außerdem zeigen, welche Personen sie erarbeiten, diskutieren und verbreiten. Politische Ideen können über Autorenschaften mit mehr Leben gefüllt werden, als mit dem halbanonymen Stempel eines Parteivorstandes, der einen großen Teil der Mitarbeiter verschleiert.

Die Piraten begreifen sich als einen Zusammenschluss, der auf die Individualität seiner Mitglieder Rücksicht nimmt und diese fördert. In der Konsequenz hieße das, die Vielfalt und Individualität der verschiedenen Persönlichkeiten in der Partei an möglichst vielen Stellen abbilden zu wollen – auch in der öffentlichen

Darstellung. Eine neue Repräsentationslogik kann in diesem Zusammenhang bedeuten, stärker zu betonen, was im Netz schon praktiziert wird: Jedes Mitglied der Partei kann mitarbeiten und öffentlich sprechen. Politisch Interessierte, die im Internet das Geschehen in und um die Piratenpartei herum verfolgen, wissen daher auch, dass es nicht nur viele aktive Frauen gibt, die sich engagieren, sondern viele verschiedene Menschen, die nicht dem Stereotyp des männlichen Nerds entsprechen, der in der medialen Darstellung dominiert. Anonyme Nutzernamen ohne eindeutige Geschlechtszugehörigkeit ermöglichen Diskurse, in denen die Beteiligten ihre Rollen frei von typisch weiblichen oder männlichen Kommunikationsmustern finden können. Die Piraten müssen nun einen Weg finden, die Art ihrer demokratischen Kultur sichtbar zu machen und daraus heraus Einladungen zu formulieren an Menschen, die schon das Wort »Parteipolitik« in die Flucht schlägt. Eine offene politische Kultur kann darauf verzichten, Frauen in Parteiämter zu scheuchen. Die Aufgabe ist größer. Die Piratenpartei muss zeigen, dass jeder, der etwas zu sagen hat, Zuhörer findet, Einfluss nehmen kann und Wertschätzung erfährt. Wenn hohe Ämter geschwächt und die Mitarbeit »normaler« Mitglieder stärker anerkannt wird, könnte die Partei typischen Strukturen entgegenwirken und Politik für diejenigen Menschen attraktiv machen, die auf Macht, das Recht der Lauteren und Rampenlicht wenig Wert legen. Schafft es die Piratenpartei, sich von anderen Organisationen vor allem durch ihre Arbeitsweise und Machtstrukturen zu unterscheiden, wäre sie geschlechterpolitisch ein weitaus größerer Gewinn, als eine Partei mit einer paritätischen Quote.

Genderbewusstsein, Sensibilität gegenüber Diskriminierungen und der Willen, jeweils die wirksamste Lösung zur Bekämpfung von Benachteiligung und gesellschaftlichen Schieflagen zu finden, schlafen mit Einführung von Quoten ein. Eine Quote kann immer nur ein Anfang sein. Die Piratenpartei scheint noch jung, aufgeweckt und chaotisch genug, um andere Wege zu finden. Vor allem nicht einzelnen Frauen oder einzelnen Männern Entscheidungen zu überlassen, scheint hier ein Weg zu sein. Was Marina Weisband, die politische Geschäftsführerin der Piratenpartei, im Oktober über ihren Twitter-Account verlauten ließ, stimmt hoffnungsvoll: »Bisherige Erfahrung nach fast 6 Monaten im Amt: Alles, was ich mit der Öffentlichkeit gemeinsam entscheide, wird gut.«

BEFREUNDET EUCH MIT UNS! BRIEF EINER JUNGEN WÄHLERIN AN DIE ETABLIERTEN PARTEIEN

Von Nina Pauer

Was wir uns bloß dabei gedacht haben? Warum wir uns ausgerechnet von denen den Kopf verdrehen lassen mussten? Was die, in deren Arme wir uns da warfen, nur hatten, was ihr nicht habt?

Diese Fragen, liebe sogenannte etablierte Parteien, kommen etwas spät.

Schließlich wusstet ihr genauso gut wie wir, die sogenannte junge Generation von Wählern, dass das zwischen uns nicht mehr lange gut gehen konnte. Dass das, was wir über Jahre eine Beziehung nannten, schon lange kein Zustand mehr war. Sondern nur noch ein zähes, gleichgültiges Nebeneinanderher.

Mit den Piraten haben wir im Spätsommer 2011 endlich etwas erlebt, das wir noch nie erlebt hatten. Wonach wir uns aber immer gesehnt haben: Wir wurden begehrt. Da bemühte sich jemand um unsere Stimme. Da sprach jemand unsere Sprache. Da zeigte jemand der Welt, dass man stolz sein konnte, uns erobert zu haben. Weil auch wir politisch etwas zu geben haben. Weil auch wir – ja, stellt euch vor – noch politische Gefühle haben.

Im Gegensatz zu euch waren die Piraten von Anfang an dort, wo wir uns tags und nachts aufhalten: Im Netz. Sie kennen sich dort bestens aus. Die klaffende Kommunikationslücke zu euch haben sie schamlos ausgenutzt. Sie haben das Internet nicht als privatisierte Spielwiese abgetan, sondern ernst genommen.

Ein paar kleine harmlose virtuelle Aufmerksamkeiten hier und dort, ein paar Freundschaftseinladungen, ein lustiger Youtube-Link, ab und zu ein kleiner Chat – schon war es um unser politisches Interesse geschehen. Wir waren leichte Beute für die kapernden Querköpfe. Weil ihr uns einfach viel zu lange allein gelassen habt.

In all den Jahren, die wir uns nun mittlerweile in sozialen Netzwerken herumtreiben, habt ihr, die alten Volksparteien, es nicht einmal geschafft, uns zu erreichen. Nie hat uns auch nur eine attraktive Freundschaftsanfrage, auch nur ein interessanter Clip, auch nur eine lohnenswerte Einladung erreicht, die eines eurer Parteisymbole geschmückt hätte.

Für uns hattet ihr nie mehr übrig als einige lieblos per PDF hochgeladene Sitzungsprotokolle. »Im Moment ist wenig Zeit für Facebook. Aber trotzdem tut sich viel«, wagt ihr es noch heute auf eure kühl gehaltenen Pinnwände zu schreiben. Es scheint euch nicht zu stören, dass ihr im Netz wie eine geschlossene Gesellschaft wirkt, weil die Zahl eurer virtuellen Freunde genau an der Stelle stagniert, an der eure reale Parteimitgliederzahl erreicht ist. Ironie, die Sprache unserer Generation, sucht man auf euren Profilseiten vergeblich. Auf Angela Merkels Facebook-Account macht ihr euch gar nicht erst die Mühe, authentisch wirken zu wollen: Statt in Ich-Form postet die Kanzlerin (oder wer auch immer ihren Account betreut) in der dritten Person und konterkariert damit das Prinzip des persönlichen Facebook-Tonfalls.

Glaubt ihr ernsthaft, dass man uns so anspricht?

Was euch in der virtuellen Fußgängerzone Facebook seit jeher fehlt, ist der richtige Flyer. Eine Zeile, die unser Interesse weckt. Irgendetwas, das uns zum Stehenbleiben bewegt. Über das wir miteinander sprechen, das wir an unsere Freunde weiterleiten könnten. Irgendetwas, das uns anstecken und dann massenweise zum ersten Klick verleiten könnte. Um uns mit diesem ersten unverfänglichen »Gefällt mir« überhaupt erst einmal in einen kommunikativen Zusammenhang mit euch zu stellen.

Statt zu klicken, gehen wir online einfach an euch vorbei. Weil wir gar nicht merken, dass ihr da seid. Wir übersehen euch wie ein farbloses Wahlplakat am Straßenrand. In der Masse der Links und Statusmeldungen, die man uns täglich schickt, gehen eure Profile einfach unter.

Wenn ihr, die Etablierten, überhaupt auf unserem Online-Radar auftaucht, dann nur als Witzfiguren. Unsere virtuellen Stimmen, die eigentlich euch gehören könnten, haben wir bislang lieber an private Ulk-

Accounts verschleudert als an eure Parteiprofile. Über euch feixende Gruppen wie »Westerwave – no one can reach me the water« überholen die Fanpages eurer gestandenen Politiker von Olaf Scholz bis Philipp Rösler mit weit über 90 000 Fans.

Die Piraten waren die Ersten, die uns dafür keine Vorwürfe gemacht haben. Statt unsere vermeintliche Verdrossenheit, Passivität, und politische Ignoranz zu bemängeln, haben sie sich einfach eine Weile dort unter uns gemischt, wo wir seit Jahren parteipolitisch heimatlos herumstehen. In unserer virtuellen Lebenswelt haben sie das Bedürfnis, uns auch mal ernsthaft im Netz zu äußern, erkannt. Und uns, allein indem sie die Wichtigkeit des Ortes »Internet« ausgeflaggt haben, aus unserem ewigen Dagegen-Sein herausgelockt.

Und doch ist der Ausflug mit ihnen nichts Ernstes. Uns ist klar, dass wir mit den Piraten nicht unser Leben verbringen wollen. Der schluffige Hoodie-Charme wird uns irgendwann nicht mehr reichen, das wissen wir selbst. Wir haben keine Lust auf Computerspiele und Kiffen. Auf Dauer erwarten wir dann doch etwas Durchdachteres als die vagen Entwürfe von kostenlosem U-Bahnfahren und Transparenz im Netz.

Unseren Flirt mit den Seeräubern dürft ihr deshalb auf keinen Fall beleidigt hinnehmen. Ihr müsst ihn als das verstehen, was er ist: ein Appell.

Kämpft für uns, sprecht uns an!, das ist es, was ihr aus unserer Liaison mit den Piraten mitnehmen sollt. Lasst uns nicht allein im Netz! Befreundet euch mit uns!

Dann, liebe etablierte Parteien, das versprechen wir, geben wir der Beziehung mit euch auch wieder eine Chance. Die netten Nerds streichen wir dann von unseren Freundeslisten. Um mit euch noch einmal ganz, ganz von vorne anzufangen.

MAN MUSS SIE NICHT HASSEN

DIE »PIRATEN« SIND EIN INTERESSENCLUB FÜR DAS NEUE WLAN-BÜRGERTUM. IHR WAHLERFOLG IN DER »KREATIVHAUPTSTADT« BERLIN IST PLAUSIBEL – UND DAS GEGENTEIL VON EINER REVOLUTION

Von Katja Kullmann

Bei der Piratenpartei handelt es sich um eines der faszinierendsten Missverständnisse unserer aufgeregten Tage. Und das Missverständnis basiert ganz wesentlich auf der Betrachtungsweise. Denn wer sich mit den Piraten beschäftigt, hat es nicht mit einem neuen *politischen*, sondern mit einem neuen *sozialen* Typus zu tun. Nicht als *Partei* im ureigentlichen Sinne des Wortes sind die Piraten interessant, sondern als Speerspitze einer bestimmten *Klasse*, einer neu sich definierenden Gesellschaftsschicht, die sich gerade erst selbst kennenlernt, die augenblicklich ihre Reichtümer, Schwächen und Chancen sortiert, und die – vorläufig noch etwas stümperhaft, niedlich bis kindisch, womöglich *unschuldig* – nun erstmals über sich und ihre Interessen spricht.

Die einen verklären sie zu Rebellen: »Endlich ein paar Leute, die *sympathisch* sind und es *anders* machen wollen!« Die anderen schimpfen die Piraten eine Horde von Blendern. Und einige der begabtesten Piraten bekennen sich ganz offen, beinahe schon *entwaffnend zugänglich*, zu beidem – sowohl zur performativen *Authentizität* als auch zum programmatischen Vakuum: »Bin ich ehrlich und sage, dass ich keine Idee habe, oder stelle ich mich vor die Presse und sondere Sprachregelungen ab?«[1] Und: »Wir haben noch keine endgültige Antwort. Der Unterschied zu anderen Parteien ist: Wir stehen dazu.«[2] Der achselzuckend vorgetragene Piraten-Stolz wurzelt in der Formel: »Na und? Wir sind noch jung! Guckt euch doch selber an!« Eben jener Trotz grundschülerhaften Stils kennzeichnet das piratistische Wutbürgertum. Er findet seinen Resonanzraum in einem nicht unbedeutenden Teil der *Neuen Mitte* – in jener sagenumwobenen Masse, die zwar via Flatrate jederzeit an Aberbillionen Gigabytes von Wissen angeschlossen ist, aber mit ihrer eigenen Begriffsstutzigkeit ringt. Es ist eine Masse, die sich als Zufallshorde funkelnder Voll-Individualisten begreift – und die man in ihrer Massenhaftigkeit vielleicht nicht unterschätzen sollte.

---

1 Christopher Lauer von den Berliner Piraten im Herbst 2011 bei n-tv, im Gespräch mit dem TV-Journalisten Heiner Bremer und der stellvertretenden Generalsekretärin der CSU, Dorothee Bär

2 Der Bundesvorsitzende der Piraten, Sebastian Nerz, im Berliner Wahlkampf 2011

Die Piraten verweisen auf das große, gemeine Fragezeichen, das derzeit über allem zu schweben scheint – über den Lebensläufen wie über der Weltwirtschaft. Sie loten einen ideellen Hohlraum aus, sie leuchten mitten hinein in das Identitäts-Vakuum, das die vielen Verdatterten umtreibt, diejenigen, die gerade nicht so richtig zu wissen scheinen, wer sie sind und was sie wollen, und die, obwohl sie im Weltvergleich noch ganz gut dran sind, sich neuerdings als »die hier unten« begreifen – im Gegensatz zu »denen da oben«.

Man muss die Piraten entzaubern beziehungsweise entdämonisieren, um sie zu verstehen. Und das geht ziemlich einfach. Weder sind sie Rebellen noch Blender. Weder sind sie wild, noch lügen sie. Strategische Schärfe ist von ihnen nicht zu erwarten, sie sind nicht intellektuell, eher kaufmännisch gepolt. Sie sind auch keine »Protest-Partei«. Sie sind im strengen Sinne nicht einmal eine Partei-an-sich, jedenfalls nicht im politischen Sinne, denn sie haben keine originären Inhalte zu bieten. Sie kümmern sich um »kein Erkenntnisproblem, keine moralische Frage, keine Bestimmung der Vernunft«.[3] Was ihnen zu komplex erscheint, wird mit der Vorsilbe »post-« versehen und für überholt erklärt und heißt dann zum Beispiel »post-gender«. Es geht ihnen vorrangig um Verfahrensweisen, Techniken, Distributionsvarianten, ganz im Stile einer übereifrigen Abteilungsleitung – nicht um Ideen, sondern lediglich

---

3 Roger Behrens in: »Aufklärung statt Transparenz. Die postpolitische Welt der Piraten« (in: *Jungle World* Nr. 40, 6. Oktober 2011)

um *Transportwege* für Ideen. Und schon gar nicht – das ist das größte Missverständnis, das um die Piraten wabert – sprechen hier »die da unten« oder gar das »Anti-Establishment«[4]. Im Gegenteil, es meldet sich das *next Oben* zu Wort, das mutmaßliche Establishment von Morgen. Es ist die aufziehende neue (Klein-)Unternehmer-Elite, die *leading class* der Zukunft, die sich hier erstmals unter einem allgemeinverständlichen Logo versammelt.

So neu ist diese Elite, dass man sie noch nicht anfassen kann, so neu, dass sie sich selbst (noch) nicht als solche erkennt oder benennt, so neu, dass sie auch von anderen (noch) nicht als solche gelesen wird. Die aufkommende Elite ist jung, derzeit nicht erkennbar wohlhabend, gibt sich hierarchiemüde, zeigt sich hervorragend ausgebildet und virtuos im Bastler-Business. Sie wirkt studentisch, also auf plausible Art unerfahren, und herzergreifend fehlerhaft. Selbstbestimmung ist ihr Abendgebet, wobei sie sich allerdings oftmals mit mehr oder minder bequem geerbten Ressourcen finanziert, über die alt-mittelständische Eltern-Kohorte, über das Sponsoring von aufgeschlossenen Großkonzernen oder über die Rudimente des Sozialstaats. Es ist eine zwischenfinanzierte, jung-erwachsene Übergangs-Mitte in Lauerstellung. Statt Utopien (sie hassen dieses Wort) zu entwerfen oder die unterschiedlichen sozialen Räume zu vermessen, die der neoliberale Brachial-Kapitalismus in überraschender Klarheit freigelegt hat,

---

4 siehe 1)

interessieren sie sich überwiegend für ihren eigenen (medien-)belesenen Raum, den sie folgerichtig zum Hauptthema und zum *place to be* erklärt haben. Dort, im eigenen Raum, sammeln sie sich in scheinbar vielfältigen, jedenfalls unterschiedlich benannten Netzwerken. Beta Häuser, *augmented reality* und Psychotherapien sind ihre natürliche Umgebung, und wer von ihnen ernst genommen werden möchte, tut gut daran, sich zügig ähnliche Gerätschaften und Accounts zuzulegen, mindestens einen Highspeed-Anschluss. Sonst setzen sie zu ihrem Schlachtruf an, der aller Wahrscheinlichkeit nach auf irgendwie darwinistische Art vernichtend wirken soll und der da lautet: »Ihr seid alt! Ihr seid alt!«

Es sind die Blogger, Twitterer, *DaWanda*-Kunsthandwerker, *Flickr*-Meister-Fotografen, Programmierer, Online-Händler, -Journalisten und -Berater, das *eBay*-Kleingewerbe und das freigesetzte digitale Projektmanagement, die scheinselbstständigen Social-Media-Beauftragten, die Stütze beziehenden Remix-Komponisten und Video-Cutter, Fern-Studenten und *App*-Entwickler, die die Piraten im Visier haben. Zwar leiden all diese Leute aktuell noch unter einem gewissen Prekariats-Trauma, doch ahnen einige von ihnen sehr präzise, dass sie eines Tages zu einem erst noch zu bildenden neuen satten Mittelstand der Gesellschaft gehören könnten, womöglich gar zu den ganz großen Gewinnern der kommenden Zeit – und wenn sie selbst es zu Lebzeiten nicht mehr ganz schaffen, so doch mit einiger Gewissheit ihre tipptopp ausgebildeten Pekip-Kinder. Es ist, in Geist und Seele, dieselbe Klientel, die einst, in den 1980er Jahren, als die Automobilindustrie boomte, Kraftfahrzeugerlebnishäuser gegründet, zehn Jahre später Werbeagenturen und Marktforschungsbüros und weitere zehn Jahre später die ersten *Coffee-to-go*-Theken eröffnet hat, exakt die Schicht, die einen untrüglichen Riecher für *Chancen* hat und darauf aus ist, ihre Schäfchen alsbald ins Trockene zu bringen – was ein durch und durch legitimes Ziel in der freien Marktwirtschaft ist. Man muss sie dafür bestimmt nicht hassen.

Es sind die Leute, die der amerikanische Wirtschaftswissenschaftler Richard Florida vor knapp einem Jahrzehnt als *creative class* bezeichnet hat, sozusagen der *Bobo*-Nachwuchs – eine Schicht, die kein historisches *Image*-Vorbild hat und noch dabei ist, sich zu sammeln und zu formieren, oder vielmehr: sich zu formatieren. Man könnte, wenn man versuchen wollte, die künftige Bedeutung dieser Kohorte zu antizipieren, von einem neuartigen Bürgertum sprechen, das noch nicht eindeutig als solches identifiziert werden kann. Es ist längst gezeugt, aber es liegt als unterernährtes Frühchen noch im Brutkasten. Nun ringt es um die Lebensbedingungen, die es endlich zu Kräften kommen lassen.

Jenes neue Bürgertum ist noch nicht als solches erkennbar, weil es andere Formen sucht und findet als das alte. Das erstarkende »Piraten«-affine Bürgertum rekurriert nicht auf Abklatsche einer untergehenden Oldschool-Bourgeoisie, wie es die herkömmliche Führungsklasse noch tut, Finanz-Top-Tausend, Professoren, analoge Medien-Mogule. Jagdschlösschen-Romantik oder Budapester Schuhe sind der Piraten Sache nicht. Stattdessen sprechen sie ein herrlich augenzwinkerndes Business-English – »long story short«[5] – oder Gymnasiasten-Deutsch für Eingeweihte – »prokrastinieren«[6] – und kokettieren auf Sascha-Lobo-eske Art und Weise mit vierundvierzigmal ironisch gebrochenen Widerstandssymbolen, dem Boheme-Begriff oder eben dem Freibeuter-Signet. (Und so mancher mag im Signal »Pirat« einen Hauch von quasi-linker Alternative sehen und schon von selbst verwalteten Mirabellen-Plantagen mit Grill-Rost-Kartoffeln für umsonst und für alle träumen; die Piraten sind schlau genug, solcherlei Wähler-Illusionen nicht vorschnell zu zerstören.) Jenes neue Bürgertum wirkt auf den ersten Blick roher, ungeschliffener, uneindeutiger als das alte, auch, weil es sich mit verhältnismäßig neuen Produktionsweisen beschäftigt, die bis heute ein Hauch von Abenteuer umweht: das Micro-Preneurwesen, das *share-ware*-Prinzip, die digitalisierte Manufaktur-Wirtschaft. Und es verfügt eben (noch) nicht über den ökonomischen Unterbau, der ihm einen Elitenrang unzweifelhaft zuweisen würde. Sein Rohstoff, sein Reichtum und sein Know-how sind weich, bislang schwer fassbar und noch nicht kostendeckend entlohnt: Bildung und Benehmen, Codes und

---

5 Aus der Selbstbeschreibung des Berliner Piratenvorsitzenden Christopher Lauer, dessen Blog-»About« entnommen

6 Der Politologe Gerd Langguth, zitiert in: »Unter Piraten« (in: *stern* 43/2011)

Charme, Distinktionsgeschick und Ad-hoc-Cleverness. Auf bis zu 40 Prozent der europäischen Erwerbsfähigen schätzt Richard Florida das Potenzial der »kreativen Klasse«. Der belgische Kunst-Kurator Chris Dercon spricht von einem »Heer kreativer Dienstleister, die nicht wissen, welcher gesellschaftlichen Gruppe sie angehören, für die es keine parteipolitischen Programme gibt. Diese Gruppe wächst an, und man hofft, dass sie selbst nicht erkennt, wie groß sie ist.«[7]

Und ganz wie es einst das Handels-Bürgertum im 15. bis 17. Jahrhundert getan hat, eine zu Beginn der Renaissance noch unterschätzte gesellschaftliche Gruppe und Kraft, so formuliert das neue digitale Bürgertum jetzt erst einmal noch etwas ungewiss und stotternd die Bedingungen, die es zu seinem Aufstieg braucht. Damals, vor vier-, fünfhundert Jahren, waren es im Wesentlichen die Zollfreiheit und der Ausbau der Handelswege – heute sind es, so wie es das Grundsatzprogramm der Piraten umreißt, die Abschaffung des Urheberrechts und ein »freies« Internet. »In der Tat existiert eine Vielzahl von innovativen Geschäftskonzepten, welche die freie Verfügbarkeit bewusst zu ihrem Vorteil nutzen und Urheber unabhängiger von bestehenden Marktstrukturen machen können«[8], heißt es bei den Piraten. Die *creative class* will nicht mehr nur

---

7 Im Interview mit dem Magazin *Monopol*, Titel: »Das Künstlerprekariat sitzt in der Falle« (Juli 2010)

8 Aus dem »Grundsatzprogramm der Piratenpartei Deutschland« (Chemnitz, November 2010)

spielen, sie will die Geschäfte nun in vollem Umfang aufnehmen und Geld verdienen. Vor allem deshalb will sie »die Monopole brechen«, das »Patentrecht« und die »Bevormundung« abschaffen. Sie will ihr Kapital endlich gewinnbringend einsetzen. Die Forderung hinter allen »Transparenz«-Parolen und allem »Nachhaltigkeits«-Tüll lautet im Kern: Freie Fahrt für freie Bürger. Die Piraten sind, wenn überhaupt, eine Wirtschaftspartei.

Das, was früher einmal »Aufsteigertraum« genannt wurde, steht auch für die Nachfahren unverändert als Hoffnung am Horizont – nur dass die Hoffnung sich heute auf die Formel »digitales Existenzgründerwunder« konzentriert. Es ist nicht weniger, aber auch nicht mehr als die *post-angestellte* Variante der klassischen Mittelstandsvision. Eine beeindruckend widerspruchsfreie Anpassungsleistung an das Diktat der Verhältnisse findet hier statt. Biederkeit und Bürgerfleiß tragen heute keine standardisierten Gabardineanzüge, sie kommunizieren über benutzerfreundliche User-Oberflächen. Und sie setzen darauf, dass endlich lohnende Geschäftsmodelle gefunden werden für ihr Streben.

»Liquid Democracy« heißt das Schlüssel-*Tool* der Piraten: Es ist ein Softwareprogramm, mit dem akkreditierte Nutzer in Themen-Foren diskutieren und über Partei-Anträge abstimmen können. »Liquid Democracy« ist grundsätzlich *leer*. Es ist nichts als eine Online-Pinnwand. Auf ihr kann es um das bedingungslose Grundeinkommen gehen oder um die Abschaffung der Zeitumstellung (zur Abstimmung standen bei den

Piraten im Oktober 2011 gleich zwei Varianten: die konstante Beibehaltung der Sommerzeit wie auch die dauerhaft wirksame Winterzeit). »Direkte Demokratie« nennen die Piraten das – und schüren gleichzeitig das Misstrauen an der parlamentarischen Demokratie. Statt »Fraktionsdisziplin« und »Parteiendruck« fordern sie etwa die Stärkung von Einzelpersonen (was Korruption und Lobbyismus selbstverständlich erleichtert). Sie proklamieren eine bürgerliche Gegenwehr gegen den »Überwachungsstaat« – und lesen ihre Berliner Wahlantrittsrede vor der Bundespressekonferenz allen Ernstes von einem Apple-Computer ab. Sie werden nicht müde, eine »direktere Demokratie« einzufordern, und doch findet sich von den Idealen der Französischen Revolution – Freiheit, Gleichheit, Brüderlichkeit –, die eigentlich Grundlage einer jeder modernen demokratischen Verfassung sind, nur eines in ihrem Grundsatzprogramm. 44 Mal kommt dort der Begriff »Freiheit« beziehungsweise »Freiheitlichkeit« vor. Immerhin acht Mal ist von den Segnungen der »Individualität« die Rede. Ein einziges Mal taucht das Wort »Solidarität« auf.

»Im Netz haben unsere Vorstellungen über elementare Merkmale unserer realen Welt keine Gültigkeit. Begriffe wie Raum, Zeit, Nähe, Territorium, Identität, Gewalt, Ressourcen, Freiheit, Arbeit und Eigentum haben im Netz gänzlich andere Bedeutung. Das Netz wird von anderen Gesetzmäßigkeiten bestimmt«[9], heißt es

9 Ebd.

bei den Piraten. Ihre Ideologie – die keine sehr neue ist, denn sie stammt aus den 90er Jahren des vergangenen Jahrtausends – lautet: Die Ära der Ideologien ist vorüber. »Where do you want to go today?«, fragte Bill Gates in einer Microsoft-Kampagne schon vor ungefähr zwei Dekaden. Nun, endlich, fließen digitaler Marketingsprech und Politik als handliches *Mash-up* organisch zusammen.

Unterdessen diskutieren, demonstrieren, protestieren weltweit gerade die Menschen, viele, überall. Und es sind nicht die Alten, die da auf die sprichwörtliche Straße gehen. Eine große Zahl von ihnen ist sehr jung, manche sogar *noch* jünger als das allerallerjüngste Piraten-Mitglied. Sie streiten um Gerechtigkeit und Fairness, sie nehmen ein fürchterlich altmodisches Wort wie »Umverteilung« in ihre Münder, sie wehren sich gegen eine Segregation der Städte und ein weiteres Auseinanderdriften der sogenannten sozialen Schere – es sind wirklich viele, und wirklich überall. Dem WLAN-Bürgertum fällt zu all dem wenig bis nichts ein. Es interessiert sich vor allem für das Zukunftspotenzial seines je individuellen 24-Zoll-Horizonts. Wie gesagt: Man *muss* sie dafür nicht hassen.

IV. PIRATEN VOR DEN PIRATEN

WIE PIRATEN SCHON EINMAL DIE LEUTE AUFMISCHTEN

SIE WAREN FREIBEUTER MIT SENDUNGSBEWUSSTSEIN, RICHTETEN SCHWIMMENDE RADIOSTATIONEN EIN UND GABEN DER JUGEND EIN NEUES GEFÜHL: PIRATENSENDER DER 60ER-JAHRE

Von Ulli Kulke

Den Piraten war das Handwerk gelegt. Sie kamen in die Stadt, und die Massen strömten herbei. Wie bei Klaus Störtebeker. Doch anders als damals wollten die vielen Menschen nicht dem Henker zuschauen, sondern die Korsaren bejubeln, sie anfassen – die Mädchen unter ihnen sie wohl am liebsten knutschen. Es war ein Tag im August 1967 in London.

Die Gegend um den Bahnhof in der Liverpool Street war gut gefüllt, als Männer wie Steve Satan oder Johnnie Walker aus dem Zug stiegen. Einer der Stars musste – als wäre er nicht Mike Lennox, der Pirat, sondern John Lennon, der Pilzkopf – vor einem Pulk kreischender Gören in die Bahnhofstoilette flüchten.

Dabei waren die jugendlichen Fans gar nicht in Feierlaune. Sie waren in Rage. Wütend auf Premier Harold Wilson von der Labour-Partei, der ihnen den Spaß verdorben, einen Teil ihres Lebensgefühls geraubt hatte. Es waren nur ein paar Tausend, die da kreischten und hin- und herwogten, von »Bobbys« mit Mühe im Zaum gehalten.

Doch sie repräsentierten viele Millionen. Manche meinen sogar, dass es 40 Millionen waren, die in den Monaten und Jahren zuvor täglich den Radioprogrammen von Johnnie Walker, Steve Satan und ihren Kollegen gelauscht haben. Programmen, die unter abenteuerlichen, bisweilen unkomfortablen Bedingungen zustande kamen.

Ausgestrahlt von »Piratensendern«, von alten, oft ausgedienten Schiffen weit draußen auf der Nordsee, um das staatliche Rundfunkmonopol auf dem Festland zu unterlaufen: Radio Caroline, Radio London, Radio Veronica und weitere, die sich aus Werbeeinnahmen mehr schlecht als recht finanzierten.

Endlich die Musik, die die Jugend in London, Hamburg und Amsterdam hören wollte: Beat, Pop, Underground, auf Mittelwelle in allen Nordseeanrainerstaaten zu empfangen, auch aus Kofferradios in der Badeanstalt oder aus dem Transistor unterm Kopfkissen. Und in Ostfriesland an der Küste ganz besonders gut zu empfangen, die deutsche Frontregion in Sachen Beat.

Endlich nicht mehr nur »Gemischte Morgenklänge«, »Beschwingte Melodien« und wie ansonsten die aufregenden Angebote der offiziellen Radioanstalten in den Programmzeitschriften lauteten. Endlich Hits und früher Psychedelic Rock auch nach Mitternacht, wenn hierzulande andere Sender nach dem Deutschlandlied und ihrem »Wir wünschen unseren Hörern eine geruhsame Nacht« das Programm beendeten. Freiheit auf den Kanälen der Mittelwelle, dank der Piraten und ihrer Sender.

Für die deutschen Hörer war es eine doppelte Öffnung. Sie bekamen nicht nur das Neueste aus der großen, weiten Musikwelt geboten, sondern lernten englische Sprüche, mit denen sie in der Schule angeben konnten, in einer Zeit, als die Anglizismen hierzulande noch unbekannt waren: »Rock all day and all of the night«. »It's not simple being cool but it's cool being simple!« Überhaupt »cool« und noch mal »cool« und »yeah, yeah, yeah«.

Auch die wachsende Begeisterung der deutschen Jugend für die englische Sprache konnte die Regierung in London nicht umstimmen. 1967 drehte sie durch ihren »Marine Broadcasting Offences Act« den Piratensendern den Saft ab, mit dem Hebel des Gesetzes. Obwohl sie doch außerhalb des britischen Hoheitsgebietes arbeiteten, jenseits der Dreimeilenlinie.

Jetzt wurden die meisten von ihnen vertrieben aus ihren Studios auf hoher See, ihre Schiffe teilweise von Prisenkommandos geentert, als wären die Ordnungskräfte die Piraten. Proteste prominenter Stars wie Dusty Springfield, Tom Jones oder Ringo Starr waren vergebens.

Postminister Tony Benn, zuständig für die öffentlich-rechtliche und sowieso felsenfeste Rundfunkordnung, ein Labour-Linker immerhin, brachte das Gesetz durch. Und sicherte damit das staatliche Monopol auf jede Rundfunkausstrahlung. Ab sofort wieder Pflichtprogramm: »Beschwingte Melodien«. Ein Banner an der Liverpool Street Station lautete: »Unsere Freiheit wurde versenkt und ertränkt«.

Eine Ära war zu Ende. Eine Ära, die viele Millionen Fans bekannter und unbekannter Musik-Stars glücklich gemacht hatte. Eine Ära, in der Radiosendungen, produziert in rechtsfreiem Raum, manche Gruppen und Solisten überhaupt erst bekannt machten, die später richtig große Musikgeschichte schrieben, wie Pink Floyd, David Bowie, T-Rex und unzählige mehr.

Auch eine völlig neue Spezies von Stars wurde geboren: der Discjockey im Radio, mit flotten Sprüchen, kleinen Gehässigkeiten, peppigen Jingles und seinem größten Trumpf, den Tausenden tollen Titeln, auf Singles und LPs. Traumberuf DJ im Piratensender. Die wenigsten wussten es, aber selbst wenn es bekannt gewesen wäre, so hätte es dem Kult wohl nur wenig Abbruch getan: Die DJs fristeten da draußen auf hoher See ein entbehrungsreiches Leben.

Gut gelaunt funkten sie ihre Sendungen über den Äther in die vielen Millionen Radiogeräte. Aber ihre Studios unten im Bauch der Schiffe waren eng, bisweilen kaum belüftet, bei schwerer See und stürmischem Regen blieben die Bullaugen dicht. Fest vor Anker liegend, oft nur mit einer Besatzung von zwei, drei Seeleuten, zwei DJs und einem Radiotechniker, herrschte ansonsten Langeweile, Seekrankheit, Trübsal.

Vier Wochen bis zur Ablösung, ein Rhythmus wie auf der Bohrinsel. Vielleicht mal ein Match am Kickerautomaten, wenn nicht die Spielkugel beim Seegang durch irgendwelche Schotten verschwunden war. Und wenn es besonders stürmte, dann kamen der Hunger und der Durst, weil das Versorgungsschiff nicht längsseits gehen konnte. Nicht selten versagte die Heizung im Winter.

Die Kollegen, die ihre Masten nicht auf Schiffen errichteten, sondern auf einem der vielen Dutzend Flaktürme aus dem Zweiten Weltkrieg vor der Themsemündung, etwa 20 oder 40 Kilometer von der Küste entfernt, hatten es kaum gemütlicher. Die Eisenhäuser in luftiger Höhe waren oft durchgerostet. Im Dezember 1964 ertrank der Besitzer von Radio Invicta, das sich in einem der Flaktürme eingenistet hatte, gemeinsam mit zwei Angestellten, als das Versorgungsschiff bei hoher See anlegen wollte, aber kenterte.

Gewiss hatte das Dasein der DJs auch Höhepunkte, hier und da schlug sich per Schiff Besuch durch, Partys, Sex and Drugs and Rock 'n' Roll. Wenn schon an der öffentlichen Rundfunkordnung gesägt wurde, warum dann nicht auch gleich weitergehen. Was sich wirklich auf den Schiffen der Piratensender abspielte, ist nur schwer zu generalisieren.

Doch jene Haltung, auch wenn sie in weiten Teilen nur Projektion war, trug sicher dazu bei, dass sich – abgesehen von der betroffenen Jugend – die Trauer beim

Untergang dieser Piratenkultur in Grenzen hielt. Dass dabei auf den Schiffen letztlich keine Revolutionen gegen das ganze System ausgebrütet werden sollten, mag auch daran deutlich werden, dass das bekannteste Piratenradio, Radio Caroline, seinen Namen 1964 nach der Tochter des ermordeten US-Präsidenten John F. Kennedy erhalten hatte.

Aus vielen der bekannten Stars der Nordsee erwuchsen renommierte Rundfunk-Größen. Bestes Beispiel ist wohl John Peel, der sich beim »Wonderful Radio London« (»Big L«) auf dem Minensucher »Galaxy« einen Namen machte, und gleich nach Inkrafttreten des Marine Broadcasting Offences Act zur BBC ging und dort eine Pop-Kultsendung nach der anderen kreierte. Er produzierte auch Formate für deutsche ARD-Sender.

Sein Sinn fürs Musikrevolutionäre nahm Peel mit in den öffentlich-rechtlichen Bereich, er gilt als derjenige, der die Punkmusik und den Hip-Hop ins Radio brachte, in staatlicher Anstalt. Radio Caroline war 1967 der einzige Piratensender, der sich über das neue Gesetz immer wieder hinwegzusetzen vermochte. Sein Star, Johnnie Walker (mit bürgerlichem Namen Peter Dingley), blieb also weiter auf Sendung. Die Station schlug sich mit Hartnäckigkeit, mit gesetzlichen wie seemännischen Winkelzügen durch und strahlt bis heute seine Musik von einem Schiff aus, längst ganz legal.

Hier und da musste aber auch Caroline seine Übertragungen einstellen. 1968 verlor es bei so einer Gelegenheit seinen prominentesten DJ. Auch Walker ging zur BBC. Auch er wurde dort Kult, zerstritt sich indes mit dem Sender bald über den richtigen Musikgeschmack.

Vergleiche zwischen den alten Piratensendern und der heute so überraschend erfolgreichen Piratenpartei können nur schief sein. Was aus den Internetrebellen wird, die dieser Tage Furore machen, kann heute niemand abschätzen. Erst recht nicht, ob sie sich als Partei halten können.

Die Geschichte der freien Radios in der Nordsee aus den 60er-Jahren und was sie in der Folgezeit für den Rundfunk und für die Popmusik bedeuteten, ist dagegen bestens dokumentiert und füllt die Seiten von vielen Regalmetern illustrer Lektüre.

Was beide eint, ist die Ablehnung staatlicher Einmischung in die Beziehung von Sendern und Empfängern, im Netz wie im Äther. David Edward Sutch, in den 60er-Jahren Betreiber des Piratensenders »Radio Sutch« auf einer jener Flakstationen, hatte noch mehr vom Programm der heutigen Piraten vorweggenommen: Er forderte als Politiker der »Teenage Party« die Herabsetzung des Wahlalters und die Aufhebung der Sperrstunde.

Ob im Internet zu viel Wildwuchs herrscht, auch krimineller Art, oder zu viel Gängelung, ist heftig umstritten. Dagegen fällt es heute rückblickend schwer, nicht Partei zu ergreifen für die damaligen Pioniere eines neuen Rundfunkwesens, auch wenn nebenbei manches Delikt nicht unerwähnt bleiben sollte, die Störung von Rundfunkfrequenzen etwa, auch die Steuerhinterziehung.

Doch vieles an den damaligen Verhältnissen und Vorbehalten ist heute nur schwer vorstellbar. Selbst in England, dem Land des Manchester-Kapitalismus, war damals das Wort Kommerz im Zusammenhang mit Hörfunk ein Unwort. Dies blieb so für geraume Zeit, in Deutschland mit am längsten.

Dennoch war das, was Piratensender angestoßen hatten, auch nach ihrem Verbot nicht mehr zurückzudrängen. Die Sendungen schon der 70er-Jahre in den öffentlichen Radios waren mit denen der 60er nicht mehr zu vergleichen. Heute darf jeder Pirat spielen und sein Radio gründen. Auch kommerziell.

SEESCHÄUMER. ZUR MARITIMEN URGESCHICHTE DER PIRATEN

Von Burkhardt Wolf

Gefürchtet wurde der Pirat kaum jemals als politische Figur. Wenn man in ihm eine Bedrohung sah, dann nur, weil er als Ausgeburt eines wilden, unbezähmbar Elementaren erschien: als Ausgeburt der See. Seit der Antike galt das Meer für eine dämonische und gefährliche, unberechenbare und menschenfeindliche Sphäre. Aus ihm war jene »teuflische Trinität« aufgestiegen, die als Seehandel die ursprünglichen Daseinsformen regelrecht liquidierte, die als Seekrieg die landfesten Kämpfertugenden entwertete und zu guter Letzt, in Form der Seepiraterie, beiderlei Übel auf heimtückische Art vereinigte. So gesehen verkörperte der Pirat im Altertum am sinnfälligsten jene elementare Feindschaft, die zwischen der See und menschlichen »Kultur« zu herrschen schien. Diese Feindschaft zwischen Meer und natürlichem, landgebundenem Dasein betrifft nicht nur fundamentale Kulturleistungen wie die des Ackerbaus. Sie berührt auch die Grundlagen von Religion, Wirtschaft oder Politik. Schließlich ist die unverrückbare

Abgrenzung eines Territoriums, auf der wiederum eine geregelte und dauerhafte Praxis des Kults, des Handels und der Herrschaft zu etablieren wäre, zur See schlichtweg unmöglich.

In seiner Unruhe verwischt das Meer jede Grenzziehung, und in seiner Bodenlosigkeit vereitelt es jeden Versuch einer Grundlegung. Im Meer gibt es nicht die kulturstiftende Einheit von Raum und Recht, von »Ortung und Ordnung«, die Carl Schmitt »Nomos« genannt hat. Das heißt freilich nicht, dass das Meer ein »rechtsfreier Raum« wäre. Im Gegenteil: Nach haltbaren Regularien für die See hat das Abendland spätestens seit römischer Zeit und besonders seit Entstehen des neuzeitlichen Völkerrechts immer wieder gesucht. Weil die Hochsee jedoch – anders als die Binnengewässer – bis heute als »staatsfreier Raum« gilt, ist ihre rechtliche Ordnung immer schon der Gegenstand hartnäckiger staatspolitischer Auseinandersetzungen gewesen; und weil die Implementierung einer Rechtsordnung zuallererst der »Ortung«, der Grenzziehung und Grenzüberwachung bedarf, diese zur See jedoch nur durch Einsatz komplexer Medien (von Kompass und Seekarte bis hin zu Funk oder GPS) machbar ist, war die rechtliche »Kerbung« des »glatten« Meeres immer schon eine Sache der technologisch führenden Seemächte.

Tendenziell ist das Meer bis in die Neuzeit hinein zusehends »verlandet«. Man hat es in eine juristisch geordnete, politisch aufgeteilte und ökonomisch nutzbare Sphäre zu verwandeln versucht. Zwar untersteht es bis heute nur an seinen Rändern, in Küstennähe, der Souveränität des jeweiligen Anrainerstaats. Doch sollen Schiffe nichts anderes als Agenten des Landes und seiner grundfesten Ordnungen sein: Sobald auf der Hochsee unterwegs, hat sich nämlich jedes Schiff der Rechtsordnung eines klar ausgewiesenen »Flaggenstaats« zu unterstellen, muss also jedes Schiff wie ein kleiner Staat geführt werden, der anderen kleinen Staaten entsprechend der völkerrechtlichen Gepflogenheiten begegnet, ihnen in Notsituationen zur Hilfe eilt oder sie auch, im Rahmen des kriegsrechtlich Geregelten und Erlaubten, bekämpft. Die Ausnahme des Seeverkehrs soll nur die Regel des Landverkehrs bestätigen. Piraten indes durchkreuzen diese Ordnung. Auf hoher See wie auch an den Küsten gilt für sie nur das eine Gesetz der Gesetzlosen: das des Beutemachens. Zeigen sie Flagge, dann nicht die ihres Heimatstaats. Vielmehr signalisieren sie dann ihre Staatenlosigkeit, ihre Missachtung völkerrechtlicher Konventionen und ihre Indifferenz gegenüber der Unterscheidung von Krieg und Frieden.

Wie es der Völkerrechtler Emer de Vattel 1758 genannt hat: Piraten sind *écumeurs de mer*, »Seeschäumer«, die, selbst wie Schaumgeburten aus dem Meer erstanden, dessen Unruhe und Ungestalt gegen die gute Ordnung von Staat und Recht zur Geltung bringen. Bereits in der Rechtsauffassung des alten Roms verwehrte man es den Piraten, sie als legitime Kriegsgegner zu betrachten; nicht einmal als Verbrecher wollte man sie gelten lassen, da sie kein Glied einer politischen Gemeinschaft mit sesshafter Lebensform auf einem klar begrenzten Territorium seien. Mit Piraten gibt es keine Gemeinschaft. Sie besitzen so wenig Rechte, wie man ihnen gegenüber irgendwie verpflichtet wäre. Sie sind einfach, wie Cicero sagt, »gemeinsame Feinde aller« (*communis hostes omnium*) – ein Titel, der seit dem Spätmittelalter zum »Feind des Menschengeschlechts« (*hostis humani generis*) verschärft wurde. In der Perspektive der aufgeklärten Rechtsphilosophie wird man zuletzt sagen: Der Pirat schließt sich selbst von jener Menschengemeinschaft aus, die nur durch das Sittengesetz (die Achtung für die Menschheit in mir und im anderen) beschrieben ist.

Weder politischer Akteur noch Rechtsperson oder Kombattant, hat sich der Pirat allein auf räuberisches Tun verlegt. Seine Gewalt richtet sich gegen unterschiedslos alle und macht sich perfide jenen Ausnahmezustand zunutze, den der Verkehr auf der wilden, unberechenbaren Tiefsee mit sich bringt. Der Pirat ist somit der »absolute Feind«. Gegen ihn ist, wie frühneuzeitliche Juristen betonen, jeder Krieg ein gerechter Krieg. Und mehr noch: Schon die Vermutung, in irgendwelchen Gewässern oder irgendwelchen Schiffsverbänden könnten sich Piraten befinden, berechtigt zur Intervention. Zusammengefasst operieren Piraten also *erstens* aus einem elementaren Raum heraus, der sich der rechtlichen Formierung und Beherrschung sperrt; *zweitens* können sie in ihrer versprengten Mannigfaltigkeit weder als Einzelne noch als Gemeinschaft und damit weder als individuelle noch kollektive Gegner gelten; *drittens* kann man ihnen somit weder den Krieg erklären noch mit ihnen Friedensverträge abschließen; und daher lassen sie *zu guter Letzt* die Differenzen von Politik und Recht, von Krieg und Frieden kollabieren. Kurzum: Feinde jener Grundsätze, Ordnung und Kultur, die man dem Meer aufzuerlegen versucht, sind sie Sendboten des Abgründigen, Chaotischen und Elementaren selbst.

Ist jedoch Charakter- und Prinzipienlosigkeit, ja die fortwährend betriebene Auflösung oder zumindest Verunklärung aller klaren Distinktionen das hervorstechende Charaktermerkmal und erste Handlungsprinzip »des Piraten«, so kann es nicht verwundern, wenn die »Seeschäumer« sich historisch in zahllosen Charaktermasken und in unterschiedlichsten Allianzen präsentiert haben. In römischer Zeit etwa stellten die Seeräuber schon insofern eine empfindliche Störung oder gar Bedrohung für das fragile System des Imperiums dar, als sie laufend Handels-, Truppen- und vor allem Getreidetransporte überfielen. Unter Pompeius wurde deshalb das Mittelmeer, um die Piraterie in Schach zu halten, nach allen Regeln der Feldvermessungskunst gerastert und dann systematisch gesäubert. Zum – wohlgeorteten und wohlgeordneten – *mare nostrum* konnte dieses Meer jedoch erst erklärt werden, als sich Pompeius mit den vormaligen »Feinden aller« alliierte, als er ihnen Straffreiheit gewährte und sie als Kolonisten, als Vor- und Außenposten des Imperiums mithin, in römische Dienste stellte.

Auch die alles beherrschende Seemacht der Neuzeit hat ihren Aufstieg einer prinzipienlosen Allianz mit den

»Seeschäumern« zu verdanken. Im *Libell of English Policye* (1436) galt noch als vordringlichstes Problem, »That frendes shulde from enmyes wel be knowe«, dass also, ungeachtet der zahllosen Piratenschwärme vor der eigenen Küste, Freund und Feind klar voneinander zu unterscheiden wären. Englands Aufstieg zur *mistress of the sea* verdankte sich freilich einem strategischen Bündnis Elisabeths I., das sie mit den heimischen Piraten gegen die katholischen Seemächte Spanien und Portugal und gegen deren Aufteilung der Weltmeere einging. Durch Kaperbriefe ermächtigte sie zahllose *privateers*, private Unternehmer des Seeraubs also, im Namen der Krone iberische Schiffe zu überfallen. Ehe England selbst zur Weltherrschaft aufstieg, betrachtete es die Hochsee als *beyond the line*: als einen rechtlich ungehegten Raum der Beutenahme und des irregulären Kriegs.

Dieses goldene Zeitalter der Piraterie, aus dem sich bis heute seine blumige Abenteuerromantik speist, ging rechtlich im 18., faktisch erst im 19. Jahrhundert zu Ende. Bis dahin wurden Piraten zwar allerorten geächtet. Um ihnen jedoch überhaupt auf die Spur zu kommen und sie alsdann von den Meeren allmählich vertreiben zu können, war man auf Spezialisten, sprich: auf ehemalige Piraten angewiesen. Wie zu Hochzeiten des Kaperkriegs wagte man also abermals das Bündnis mit diesen schlechtweg unsicheren Kantonisten. Und tatsächlich führten diese nun angeblich geläuterten Beutemacher aufs Neue vor Augen, was es mit der Gestaltlosigkeit des »Seeschäumers« auf sich hat: Gestern noch Korsaren, heute Piratenjäger, waren sie allzu häufig morgen schon Piraten, so als hätte sich das Recht und der Staat, einmal zum Bündnis verführt, auf immer mit dem Virus der Ununterscheidbarkeit infiziert.

Die Piraten selbst verstanden sich jedoch nicht nur als gesetzlose Parasiten des Staatlichen. Ihre Anführer inszenierten sich zuweilen als Spiegelfiguren terraner Souveräne, ihre Gemeinschaften folgten stets einem so flexiblen wie komplexen Gewohnheitsrecht, und zeitweise wurden – auf abgelegenen Inseln – regelrechte Piratenrepubliken ausgerufen, deren Staatsschatz aus vergrabenen Beutestücken bestand. Nicht nur romantische Schriftsteller wie Sir Walter Scott propagierten die zwang- und staatenlose Solidarität der Piraten als Modell eines künftigen Republikanismus oder Sozialismus. Auch die großen Meutereien, die die englische Flotte Ende des 18. Jahrhunderts erfassten, folgten dem piratischen Vorbild einer *floating republic.* So gesehen personifizieren Piraten nicht bloß jene Kräfte, die an der Auflösung politischer Formen und Körperschaften arbeiten. Man kann sie auch als Vorkämpfer eines anderen Politischen begreifen, das das alteuropäische Theater der Souveränität zwar parodiert, letztlich aber dessen vertragsrechtliche Grundlagen ebenso unterläuft wie die klassisch-politische Leitunterscheidung von Freund/Feind.

Haben Piraten immer schon jene Formen und Figuren sabotiert, in denen sich etablierte Politik zur Geltung brachte, experimentierten sie doch zuweilen mit dem Politischen selbst. Dies könnte man auch wortgeschichtlich illustrieren: *Pirat* leitet sich ab vom griechischen *peiran*, »unternehmen, versuchen, wagen«; aus diesem Wortfeld stammen auch Begriffe wie *empéiros*, »erfahren, kundig«, das lateinische *experiri*, »versuchen, prüfen«, oder schließlich *periculum*, »Gefahr«. Nicht nur, dass Piraten, mehr noch als ordentliche Seefahrer, von jeher gefährlich lebten. Ihre schiere Existenz auf den Weltmeeren diente als ein Katalysator dessen, was man heute »Risk-Management« nennt. Die Piratenbedrohung wurde nämlich bereits in der Antike zu den wichtigsten Gefahren des Meeres gezählt, ehe man sie seit dem 14. Jahrhundert als versicherbares »Risiko« kalkulierte; etliche Piraten, etwa die algerischen Korsaren des 17. Jahrhunderts, verstanden sich als Risikounternehmer, für deren Schiffe Anteilsscheine nach dem Muster von Börsenaktien ausgegeben und gehandelt wurden; und schließlich geht die historisch erste Form der Lebensversicherung auf nichts anderes als das Risiko zurück, von Piraten getötet oder versklavt zu werden.

Auf diese experimentelle und riskante Ausrichtung, für die der Pirat schon dem Namen nach zeugt, hat man sich nicht zuletzt im Bereich moderner Seekriegsführung berufen. Die sogenannte *Jeune école* etwa, deren Programm in den 1870er Jahren zur Modernisierung der französischen Flotte entwickelt wurde, konzipierte den künftigen Krieg – in Abkehr von den klassischen Seeschlachten mit ihren riesigen Linienschiffen – als Küsten- und Guerillakrieg. In Nacht und Nebel aus den Schlupfwinkeln der gebrochenen französischen Küstenlinien kommend, sollten Kreuzer und Torpedoboote ungeachtet der unberechenbaren Witterung –

oder vielmehr unter Ausnutzung derselben – jegliche Blockade aufbrechen. Sie sollten den Feind, wie es hieß, in der Art von Piraten überfallen und seine Küsten terrorisieren, um zuletzt in sein Land einzufallen. Vielzahl, Schnelligkeit, Allgegenwärtigkeit, Unsichtbarkeit und kleine Dimensionen – dies sollten die Kennzeichen der neuen Flotte sein, die man sich als Hornissenschwarm vorstellte.

Den U-Boot-Krieg, den die deutsche Flotte im Ersten und Zweiten Weltkrieg unter Missachtung aller seekriegs- und völkerrechtlichen Konventionen nicht nur in Worten, sondern tatsächlich führte, bezeichneten die Kriegsgegner und späteren Siegermächte als »Piraterie«. Erstmals wurde hiermit einem Staat jenes Attribut zuteil, das ehedem nur dem staaten- und gestaltlosen »Seeschäumer«, dem »Feind des Menschengeschlechts« gegolten hatte. Carl Schmitt, zeitweilig der »Kronjurist des Dritten Reichs«, erkannte hierin eine Tendenz, die sich, wenn man so will, bis heute fortgesetzt hat: Was vormals nur dem Raum des unpolitisch Nichtstaatlichen angehörte, hat den Begriff des Politischen infiziert, sodass nun ganze Staaten (oder zumindest deren Führung) als ›Piraten‹ zu inkriminieren sind, um sie zu guter Letzt nicht mehr als legitime, dem Kriegs- und Völkerrecht unterstellte, sondern als »absolute« Feinde zu behandeln. Diesem Bereich »politischer Zwischenbegriffe« entsprechen militärische Aktionen, die sich nicht mehr als Krieg oder Frieden, sondern als »Nicht-Krieg«, als »Intervention« oder »Polizeiaktion« deklarieren. Zum einen scheint die Rede und Bekämpfung von sogenannten »Schurkenstaaten« exakt diese Entwicklung zu belegen. Zum anderen mag man in diesem Horizont, obschon er weder staatenlos noch unpolitisch und nur auf Beute aus ist, auch »den Terroristen«, den absoluten Feind und *outlaw* unserer Tage, als Nachkommen oder letzte (Un-)Gestalt »des Piraten« auffassen.

Auch wenn er sich zuletzt (vor den Küsten jener Staaten, deren Staatlichkeit in Auflösung begriffen ist) wiederholt als »Seeschäumer« präsentiert hat: Der Pirat hat sich bis heute längst von jenem Element gelöst, das ohnehin nie Festigkeit verheißen konnte. Seit 1912, als im Kielwasser der eben versunkenen *Titanic* die Funkfrequenzen reguliert und seither Radioprogramme staatlich kontrolliert wurden, sprach man von »Piratensendern« – so als ob sich diese Figur nun im Wellenmeer des Äthers eingerichtet hätte. »Produktpiraterie« wiederum bezeichnet jene Plünderung von nunmehr »geistigen« Eigentümern, die erstmals die Erfolgsautoren von Piratenbüchern (wie etwa Daniel Defoe) beklagt haben. Grund zur Klage hatten sie freilich erst, seitdem sie (wie Defoe) von piratischen »Seeschäumern« zu landfesten Unternehmern geworden waren, die noch ihre eigene Lebensgeschichte zu Kapital zu machen verstehen. Als Pioniere und Abenteurer, die einen noch unbetretenen (sei es elementaren, sei es ökonomischen) Raum für sich erschließen, waren Piraten und Unternehmer noch weitgehend ununterscheidbar – dies zeigt gerade Englands Aufstieg zur maritimen Welt- und Handelsmacht. Zu Widerspielern wurden die vormaligen Zwillingsfiguren erst, sobald die gefährliche und unruhige *frontier* ihren sicheren und festen Platz in rechtlicher und politischer Ordnung gefunden hatte. Einstige Abenteurer müssen sich also entscheiden: nicht zwischen Freund und Feind, wohl aber zwischen »Piraterie« und »Unternehmertum«.

ÜBER DIE AUTORINNEN UND AUTOREN

Andreas Baum, geboren 1978 in Kassel, ist Politiker der Piratenpartei. Nach seinem Schulabschluss absolvierte er eine Ausbildung zum Industrieelektroniker. Er arbeitete drei Jahre lang für die Deutsche Telekom in Nordrhein-Westfalen. Seit 2003 lebt Baum in Berlin. Er zählte 2006 zu den Mitgründern der Piratenpartei. Bei den Berliner Wahlen am 18. September 2011 wurde er als Spitzenkandidat seiner Partei ins Abgeordnetenhaus von Berlin gewählt. Am 27. September 2011 wurde er zum Fraktionsvorsitzenden gewählt.

Justus Bender, geboren 1981 in Bonn, ist Autor der Wochenzeitung *Die Zeit*. Bevor es das Internet gab, betrieb er ein sogenanntes Bulletin Board System, wo Hacker ihre Dateien tauschen konnten. Während des Interviews, das er für diesen Band mit Stephan Urbach, Leiter der Bundesgeschäftsstelle der Piratenpartei, führte, stellte sich heraus: Auch Urbach hat sich dort in den Neunzigerjahren manchmal eingewählt.

Alexandra Borchardt, 1966, ist stellvertretende Ressortleiterin Innenpolitik bei der *Süddeutschen Zeitung* in München. Zuvor war sie in verschiedenen Funktionen bei der *Financial Times* Deutschland und bei der *Deutschen Presse Agentur* beschäftigt. Sie ist ausgebildete Politikwissenschaftlerin und hat an der Tulane University in New Orleans promoviert.

Teresa Bücker, geboren 1984, arbeitet als Referentin des SPD-Parteivorstands für den Bereich Social-Media-Strategie. Zuvor hat sie als Ressortleiterin des Bereiches »Community und Social Media« den Relaunch des Onlineauftritts von *Der Freitag* mitkonzipiert und die Blogger-Community der Wochenzeitung aufgebaut. Sie schreibt als freie Autorin für das *FAZ*-Blog »Deus ex Machina« über Themen der digitalen Gesellschaft mit Fokus auf Kommunikation, Beziehungen und Netzfeminismus.

Jan Philipp Burgard studierte Politikwissenschaften in Bonn und an der Pariser Sorbonne, von dort Berichte für *Handelsblatt* und *Focus*, etwa über den französischen Präsidentschaftswahlkampf von Nicolas Sarkozy. Als Producer im ARD-Studio Washington 2008 verfolgte er den Präsidentschaftswahlkampf von Barack Obama. Gerade ist im Nomos-Verlag sein Buch *Von Obama siegen lernen oder »Yes, We Gähn!«?* erschienen. Von 2009 bis 2011 arbeitete Burgard für die ARD-Tagesthemen in Hamburg, inzwischen ist er auch in Berlin als Reporter für das ZDF unterwegs.

Hans Ulrich Gumbrecht, 1948 in Würzburg geboren, ist Albert-Guérard-Professor für Literatur an der Stanford University und seit elf Jahren amerikanischer Staatsbürger. 1975 wurde er auf seine erste Professur in Bochum berufen. Inzwischen ist er achtmal (und in sechs Ländern) mit Ehrendoktoraten ausgezeichnet worden und lehrt regelmäßig als Gastprofessor an verschiedenen Universitäten, unter anderen am Collège de France in Paris und an der Zeppelin University in Friedrichshafen. Seit 1987 ist er Autor im Feuilleton der *FAZ*. Er schreibt über spanische, italienische, französische und deutsche Literatur und Philosophie, aber auch über Alltagskultur, Politik und Sport. Gumbrecht ist bekennender Sportfan, er hat Dauerkarten für Eishockey und American Football. Entgegen der gewöhnlichen Blickrichtung der Geisteswissenschaften setzt er den Akzent auf die Präsenz von Dingen und Erfahrungen.

Andrea Hanna Hünniger, geboren 1984 in Weimar, in der größten Plattenbausiedlung der Stadt aufgewachsen. Sie ist Autorin des Feuilletons der *Zeit* und hat ihre Kindheitserinnerung über die Zeit nach dem Mauerfall unter dem Titel *Das Paradies* bei Tropen veröffentlicht. Sie glaubt, dass das Jahr 2012 auch irgendwie 1989 wird.

Detlef Kuhlbrodt, hatte in den Anfangszeiten des Internets auch schon mal Telefonrechnungen von 800 Mark, aber schön war's doch. Geboren 1961 in Bad Segeberg, seit 1984 in Berlin, freier Autor vor allem für die *taz*. 2007 erschien sein Buch *Morgens leicht, später laut* in der edition suhrkamp.

Ulli Kulke, geboren 1952, studierte Volkswirtschaftslehre und Wirtschaftspädagogik. Mitbegründer der *taz*. Arbeitete unter anderem für *National Geographic*, *SZ-Magazin*, *FAZ*, *mare* und das *Zeit Magazin*. Seit 2001 ist er Reporter und Autor der *Welt* und *Welt am Sonntag*.

Katja Kullmann, geboren 1970, Politologin, Journalistin und Autorin, ist eine begeisterte Internet-Nutzerin der ersten Stunde, bloggt seit 2006 und treibt sich aufmerksam und rege auf diversen Sozialportalen herum. Abgesehen davon schreibt sie Bücher (zuletzt: *Echtleben. Warum es heute so kompliziert ist, eine Haltung zu haben*, 2011) und andere Texte, die mal analog, mal digital erscheinen, bislang beim Eichborn Verlag, demnächst bei Suhrkamp, und sonst in der *FAS*, der *Emma*, dem Zürcher *Tages-Anzeiger* und anderen.

Kathrin Passig hätte 2006 gern die Berliner Piratenpartei mitgegründet, wurde aber nicht reingelassen. Darüber schmollte sie bis 2009 und trat dann doch noch bei. Sie lebt in Berlin vom Bücherschreiben; zuletzt erschien *Das neue Lexikon des Unwissens* (Rowohlt Berlin 2011, zusammen mit Aleks Scholz und Kai Schreiber).

Nina Pauer, Jahrgang 1982, hat Geschichte, Soziologie und Journalistik in Hamburg und Bordeaux studiert. Während ihres Studiums arbeitete sie am Hamburger Institut für Sozialforschung. Außer ihrem privaten Facebook-Profil pflegt sie momentan zuverlässig den Account ihres ersten Buches *Wir haben keine Angst. Gruppentherapie einer Generation* (S. Fischer).

Klaus Raab, 1978 geboren, ist freier Journalist. Er schreibt über Medien-, Internet- und andere Gesellschaftsthemen. 2011 erschien von ihm das Buch *Wir sind online – wo seid ihr?*.

Frank Schirrmacher, geboren 1959 in Wiesbaden. Studium der Germanistik und Anglistik in Heidelberg, der Philosophie und Literatur am Clare College in Cambridge. Seit 1985 Feuilletonredakteur der *Frankfurter Allgemeinen Zeitung*. Promotion mit einer Arbeit über den amerikanischen Dekonstruktivismus. Von 1989 bis 1993 Leiter der Redaktion Literatur und literarisches Leben. Seit 1994 einer der Herausgeber der *Frankfurter Allgemeinen Zeitung*. Autor der Bücher *Die Stunde der Welt. Fünf Dichter – Ein Jahrhundert* (1996), *Das Methusalem-Komplott* (2004), das in 14 Sprachen übersetzt wurde. *Minimum* (2006). Ausgezeichnet mit dem »Corine Sachbuchpreis« und der »Goldenen Feder 2004«. 2006 erhielt er den »Medizin im Wort«-Preis der Deutschen Ärztekammer und des Kollegiums der Medizinjournalisten. 2007 ausgezeichnet mit dem Jacob-Grimm-Preis Deutsche Sprache. 2008 bekam er den Journalisten-Preis der Fundacio Catalunya Oberta (Barcelona) für seine »Verdienste um die Förderung des Liberalismus«. Seit 2008 Mitglied im Kuratorium des Max-Planck-

Instituts für demografische Forschung in Rostock. Träger des Ludwig-Börne-Preises. 2009 erschien das Buch *Payback*.

Johannes Schneider, Jahrgang 1984, studierte in Hildesheim »Kreatives Schreiben und Kulturjournalismus« und schrieb seine Abschlussarbeit über »Aufschreibesysteme 2010. Literarisches Handeln im Web 2.0«. Erhielt sich das Interesse für Kulturphänomene, die das Netz hervorbringt, auch, als er anschließend zum *Tagesspiegel* ging, wo er seit Herbst 2010 volontiert und seit Frühjahr 2011 die Piraten in Berlin beobachtet.

Julia Schramm ist Politikwissenschaftlerin, Netzaktivistin und Autorin. Sie beschäftigt sich mit dem modernen Subjekt und der digitalen Revolution. Die 26-Jährige hat Politik in Bonn studiert und sich vor allem mit Ordnungsprinzipien, deutscher Geschichte, Zeitgeschichte, Verfassungsgeschichte, Totalitarismus und Außen-und Sicherheitspolitik beschäftigt. Sie schreibt gerade ein Buch über die Irren und Wirren eines Digital Natives und plant ihre Doktorarbeit über die Bedeutung und Wandlung der Privatsphäre im 21. Jahrhundert.

Harald Staun, geboren 1970, ist Feuilletonredakteur der *Frankfurter Allgemeinen Sonntagszeitung*. Er ist bei Facebook und hat einen Twitter-Account, den er nie benutzt.

Oliver Stock ist Chefredakteur von *Handelsblatt Online*. *Jochen Bohle* ist Programmdirektor bei *Handelsblatt Online*. *Dietmar Neuerer* ist Redakteur bei *Handelsblatt Online*.

Moritz von Uslar, geboren 1970, Interviewer und Reporter bei *SZ-Magazin* und *Spiegel*, arbeitet heute bei der *Zeit*. Von ihm erschien der Interview-Band *100 Fragen an…*, zuletzt der Reportageroman *Deutschboden*.

Marie Katharina Wagner, 1981 in Hannover geboren, begann nach einem Studium der Politikwissenschaften in Tübingen, Buenos Aires und Berlin 2009 ein Volontariat bei der *Frankfurter Allgemeinen Zeitung*. Seither beobachtet sie die Entwicklung der Piratenpartei. Seit 2011 ist sie Politikredakteurin bei der *FAZ*.

Burkhardt Wolf, geboren 1969, ist Übersetzer sowie Literatur- und Kulturwissenschaftler an der Humboldt-Universität zu Berlin. Arbeiten insbesondere zur Poetik politischer Repräsentationsstrategien und zur Medialität von Sozialtechnologien, zu Gefahr und Risiko, Gewalt und Religion sowie zur Kulturgeschichte des Meers und der Seefahrt.

Juli Zeh, geboren 1974, ist Autorin und Juristin. Von ihr erschienen zuletzt die Bücher *Corpus Delicti* (Schöffling Verlag) und *Angriff auf die Freiheit* (Hanser Verlag, zusammen mit Ilija Trojanow).

NACHWEISE

Andreas Baum, »Tweets eines Piraten am Abend der Berliner Wahlen und am Tag danach« aus dem Twitter-Account von Andreas Baum, Zeitraum von 18. bis 19. September 2011, https://twitter.com/#!/rka

Alexandra Borchardt, »Her mit den Piratinnen!«, erschienen am 1.–3. Oktober 2011 in der Wochenendausgabe der *Süddeutschen Zeitung*. © Alexandra Borchardt/Süddeutsche Zeitung.

Hans Ulrich Gumbrecht, »Wie demokratisch sind ›Piraten‹-Parteien – und wie elektronisch?«, erschienen auf FAZ.NET, Blog: Digital/Pausen am 8. Oktober 2011. © Alle Rechte vorbehalten. Frankfurter Allgemeine Zeitung GmbH, Frankfurt.

Ulli Kulke, »Wie Piraten schon einmal die Leute aufmischten«, erschienen am 26. September 2011 in der *Berliner Morgenpost online*. © Ulli Kulke/Axel Springer AG 2011.

Frank Schirrmacher, »Die Revolution der Piraten«, erschienen am 20. September 2009 in der *Frankfurter Allgemeinen Sonntagszeitung*, © Alle Rechte vorbehalten. Frankfurter Allgemeine Zeitung GmbH, Frankfurt.

Julia Schramm, »Wie ich Piratin wurde«, erschienen am 24. September 2011 in der *Frankfurter Allgemeinen Zeitung*. © Julia Schramm.

Oliver Stock, Jochen Bohle, Dietmar Neuerer, »Kein Bankvorstand kann seine Bilanz erklären«, erschienen am 21. Oktober 2011 auf *Handelsblatt Online*, © Handelsblatt GmbH. Alle Rechte vorbehalten.

Moritz von Uslar, »99 Fragen an Andreas Baum«, erschienen am 10. November 2011 im *Zeit Magazin*, © Moritz von Uslar.

Marie Katharina Wagner, »Der Piraten Kern«, erschienen am 8. Oktober 2011 in der *Frankfurter Allgemeinen Zeitung*, © Alle Rechte vorbehalten. Frankfurter Allgemeine Zeitung GmbH, Frankfurt.

Juli Zeh, »›Nothing left to lose‹ – die Piraten sind keine Internetpartei. Sie sind eine Freiheitspartei«, erschienen im *Süddeutsche Zeitung Magazin* Nr. 47/2011, © Juli Zeh.

Die Texte von Justus Bender, Teresa Bücker, Jan Philipp Burgard, Andrea Hanna Hünniger, Detlef Kuhlbrodt, Katja Kullmann, Kathrin Passig, Nina Pauer, Klaus Raab, Johannes Schneider, Harald Staun und Burkhardt Wolf sind Originalbeiträge.